Llyfrgelloedd
Libraries

X2/23

Please return/renew this item by the last date below

erbyn y dyddiad olaf y nodir yma

Bois y Loris

I Dad

Argraffiad cyntaf: 2011

Dymuna'r cyhoeddwyr gydnabod cymorth ariannol
Cyngor Llyfrau Cymru

Lluniau: Owain Llŷr

Cynllun y clawr: Sion Ilar

Rhif Llyfr Rhyngwladol: 978 1 84771 333 9

FSC

Cyhoeddwyd, rhwymwyd ac argraffwyd yng Nghymru gan
Y Lolfa Cyf., Talybont, Ceredigion SY24 5HE
gwefan www.ylolfa.com
e-bost ylolfa@ylolfa.com
ffôn 01970 832 304
ffacs 832 782

Bois y Loris

Owain Llŷr

Geraint Lloyd

Swydd Cyflwynydd ar Radio Cymru
Cartref Lledrod, Ceredigion Rhif Bois y Loris **Ddim yn aelod**
Oedran 51 Gyrrwr lori am **26 mlynedd**

Ganwyd Geraint Lloyd yn 1959 a'i fagu ar y fferm deuluol, Tyn-Rhelig, yn Lledrod. Wedi ei leoli ger y Mynydd Bach yng Ngheredigion, dyw Lledrod ddim yn bell o darddiad afon Aeron. Ychydig i'r dwyrain mae Abaty Ystrad Fflur a'r ardal anghysbell, lonydd yna o gwmpas Ffair Rhos, Ysbyty Ystwyth, Llynnoedd Teifi a'r Elenydd.

Tomi a Leah Lloyd oedd ei rieni. Bu Tomi'n byw yma tan ei fod yn naw deg dau, ac mae Geraint yn cofio dod adref a gweld yr hen foi, yn ei henaint bellach, wedi dringo i do'r tŷ i drwsio'r erial teledu.

Mae Geraint yn byw yma o hyd gyda'i wraig Anna, sy'n gweithio yn Theatr Felinfach, a'u mab Tomos sy'n bum mlwydd oed. Mae ganddo ferch hefyd, Carys, o'i briodas gyntaf.

Fe fydd Tomos yn chwe blwydd oed ym mis Mai, ond mae'n dysgu yn barod sut i drwsio tractor. Mae gan Geraint ddau dractor, sef y Ffergi Fach lwyd welwch chi fan hyn a hefyd hen dractor ei dad, sydd yn y sied yn cael ei drwsio. Dim ond ei dad ac yntau sydd wedi bod yn berchen ar y tractor yn y sied, ond daeth y Ffergi Fach o Gernyw ar ôl i Geraint ei chipio mewn arwerthiant ar safle gwe eBay.

Fel cyflwynydd radio y bydd y mwyafrif o bobl yn adnabod Geraint Lloyd, ond daeth yn hwyr i fyd y cyfryngis. Wedi'i fagu yng nghefn gwlad, bu yma yng Ngheredigion trwy'i fywyd. Aeth i Ysgol Lledrod, yna'r ysgol uwchradd yn Nhregaron.

"Amser 'ny o'dd pawb yn mynd i'r coleg. O'n i ddim isie mynd i'r coleg. O'n i 'di paso prawf gyrru, so ceir o'dd pob peth, a o'dd isie arian i gadw car ar yr hewl. O'n i'n hala mwy o amser yn Tregaron 'da bois Joss na o'n i yn ysgol…"

Trwy lwc, cafodd Geraint ei swydd gyntaf yn Aberystwyth wrth grwydro'r dref gyda'i rieni, a hynny gan ŵr sydd erbyn hyn yn ei nawdegau.

"Es i mewn i'r dre ar ddydd Llun gyda Mam a 'Nhad, a o'n nhw wastad yn galw yn y Farmers' Co-op. O'dd Richard James, sy'n dal i ffono ar y rhaglen nawr, o'dd e'n gweitho yn y siop pryd 'ny. O'dd e 'di gweud:
'Ie, beth ti'n neud nawr de?'
'O, 'hwilo job.'
'O, ma nhw'n 'hwilo rhywun yn y siop.'

Geraint Lloyd a'i Ffergi Fach

"Daeth y *manager* nôl, a 'co Dic yn gweud, 'Ma'r boi 'ma'n 'hwilo job.' So wedodd y *manager*, ''Na fe, pryd allwch chi ddechre?'

'Fory?'

"A 'na ni. Fues i'n gweitho fan'ny wedyn am bum mlynedd. Caeodd y siop, so o'n i mas o waith wedyn. O'n i'n riparo ceir pry'ny, bob nos, achos bo fi'n ralïo a pethe fel'ny, on'd dyfe? O'n i'n prynu lot o *parts* i geir. Pan gaeodd y siop ar nos Wener, o'n i yn Grooms wedi 'ny ar ddydd Sadwrn yn ca'l darne, a 'ma Myrfin o'dd yn gweitho yn Grooms yn gofyn wedyn, 'Ie, beth ti'n neud nawr de?'

'Fi'n 'hwilo am job.'

'O, nawr de, ma nhw'n 'hwilo rhywun fan hyn.'

"Fues i'n gweitho yn Grooms wedyn. A tra bo fi'n gweitho yn Grooms, o'n i'n dreifo rownd *garages* yn delifro partie… A nawr o'n i'n neud lot o waith adre, lot o waith *accident repairs.* A o'n i'n mynd i gwmni go fowr pryd 'ny, yn Clarach, lle *accident repairs* o'dd hwnnw.

"Rhyw ddiwrnod es i 'na a o'dd John Gobourne yn gweud, *'You do a lot of work at home, don't you? Do you want to work for me?'* So es i fan'ny wedyn."

Yn 1985 y cafodd Geraint yrru lori am y tro cyntaf.

"O'n i'n gweitho yn y garej yn Clarach a o'n nhw'n riparo loris. Wedyn o't ti'n ca'l dreifo dim ond y *tractor unit.* O'dd Welsh Brewers wrthi pryd 'ny, ar bwys yr orsaf dân yn Aberystwyth. Wedyn o'n i'n ca'l mynd lawr i nôl y loris. O'n i ddim yn ca'l mynd â'r treilyr."

Ar ôl dwy flynedd fe gaeodd y garej yng Nghlarach a phenderfynodd Geraint sefydlu garej bychan ei hun yn Lledrod yn 1987.

"Daeth Radio Ceredigion wedyn. O'n i'n neud lot 'da Theatr Felinfach, a drama, a joio mynd i'r theatr a Panto Felinfach a pethe fel'na. So o'dd diddordeb yn pethe fel'na 'da fi. O'n i'n raso *four by four* lot ar y pryd, so dechreuon ni clwb Mid Wales 4x4. A fi o'dd golygydd y *magazine.*

"Wedd Eisteddfod i ga'l ac aeth hi'n wlyb iawn. So o'dd bois y clwb 'na i helpu pobol mas. Lawr â ni, a wâc rownd y Steddfod. O'n i ddim yn foi Steddfod. A o'dd stondin gyda Radio Ceredigion yn chwilio am wirfoddolwyr. A fel'ny dechreuodd hi.

"Ro'dd Theatr Felinfach wedyn yng ngofal rhaglen dydd Sadwrn. A mynd 'na i beiriannu 'nes i, dim ond i 'hware'r CDs. Rhywun arall o'dd yn cyflwyno. O'n nhw'n gofyn i fi wedyn i gyflwyno'r gân, a wedyn troiodd e i fod yn fwy o sioe fi na sioe nhw…

"Wedyn o'n i'n hala mwy o amser lawr yn Radio Ceredigion nag o'n i yn y garej. 'Biti naw-deg-pedwar ffor'a wedais i, 'Reit, fi'n mynd i paco'r garej 'ma lan.' O'dd lot o reolau'n dod mewn, o'dd paent wedi mynd yn beryglus, yn defnyddio *isocyanide* a phob math o bethe… So es i i weithio i Radio Ceredigion.

"O'dd e'n hanner beth o'n i'n ennill cyn 'ny, ond o'n i'n joio. Wedyn es i'n rheolwr fan'na tan 'biti naw-deg-saith. O'n i'n eistedd 'ma rhyw noson, a un peth o'n i'n neud ar y pryd o'dd lot o *wind-ups,* yn ffono pobol lan ac esgus bod yn rhywun arall, ar y radio.

"Aeth y ffôn wedyn 'biti hanner

wedi naw. A rhyw foi ar y ffôn yn gweud ma fe o'dd golygydd Radio Cymru, a bod e'n cynnig job i fi. O'n i'n meddwl mai *wind-up* o'dd e.

'Ie, pwy wedoch chi o'ch chi 'to?'

'Aled Glynne Davies.'

"*Dim idea*… So o'dd Siân, sy'n gweitho 'da fi nawr, o'dd hi wedi ca'l job 'da'r BBC rhyw flwyddyn cyn 'ny. So ffoniais i Siân.

'Ti'n nabod Aled Glynne Davies?'

"A wedodd Siân, 'Ydw, fe yw bos ni, fe yw'r golygydd.'

'Ffona i ti 'nôl,' wedais i, a ffono fe nôl yn syth, ac fel'ny ddigwyddodd hi. Fi 'di bod o un peth i'r llall, jyst fel ma'n digwydd."

A'r un ysbryd o hap sydd wedi creu Clwb Bois y Loris.

"O'n ni'n gallu rhoi gwobre bant ar y pryd. So o'dd lot o bois Mansel yn ffono, a rhai o'n i'n nabod. A rhyw noson, off top 'y mhen, dyma fi'n gweud, 'Wel, gewch chi rif de, a dynnwn ni rif mas o hat am y wobr.' A wedyn weithodd hwnna'n eitha da. Ma rhai pethe'n gweitho, ma rhai ddim. So fuon ni'n meddwl am neud e 'to wthnos nesa…

"Wedyn dechreuon nhw weud, 'O, ni isie cadw'r *number*.' O'dd Jack Vaughan isie fod yn *twenty-five*,

a Werna isie fod yn rhif deg… A wedyn jyst dyfodd e… A cyn bo ni 'di troi rownd, o'dd rhywun arall isie bod yn aelod a ma 'di cadw tyfu…"

Rhan o'r apêl i'r gyrwyr lori, mae'n siŵr, yw diléit mecanyddol Geraint ei hun, bod ganddo fe ddiddordeb yn eu gwaith nhw a'r ffordd o fyw.

"Wel ie, unrhyw beth i neud 'da loris. *Wheels* a *engines*, on'd dyfe?"

Ond er popeth arall mae Geraint wedi ei wneud yn ei fywyd, i fi, ac i nifer o drigolion eraill yr ardal o gwmpas Felinfach, fe fydd Geraint yn cael ei gofio am ran y bu'n ei chwarae ym Mhanto Felinfach am bum mlynedd ar hugain. Dan gyfarwyddyd Euros Lewis, byddai'r Sgweiar yn creu anhrefn pur yng nghwmni'r Ficer a'r angel ar y goeden, Tegi-Wegi, ynghyd â bwgan y panto, Sleibyn, a'i *sidekick,* Ben Êc, heb anghofio Ianto Ffwl Pelt.

"Fi'n cofio'r tro cynta, beth o'dd Euros moyn i fi neud o'dd rhedeg trw'r theatr yn gweiddi '*Chaaarge*…' ac yn cario'r gwn 'ma, a o'n i'n meddwl '*Oh my God*! Ma'r boi 'ma off ei ben…' Ond addasodd y Sgweiar dros y

blynydde, gollodd e'r gwn, a daeth ci yn lle'r gwn, Onzob, fel prop…

"O'dd y Sgweiar mewn panto bach ei hunan. O'dd y panto'n digwydd a o'dd e'n troi lan a rhedeg rownd y lle, a rhyw nonsens, a dod lawr trw'r to… Fi'n cofio dod lawr ar ysgol o'r to… O'dd y criw yn dod lan â'r ysgol 'ma yng nghanol y gynulleidfa a o'n i'n sleido lawr hi wedyn.

"O'n i'n rhoi traed bob ochor a lawr wedyn, whisht… A fi'n cofio un noson, o'dd hi'n bwrw glaw, ac o'dd yr ysgol 'di bod mas yn y glaw… A es i, i ddod lawr hi, a o'dd hi'n wlyb… Cyn i fi gael amser i feddwl, o'n i off, a gaeth rhai o'r bobol o'dd yn eistedd 'na bach o ofon, achos des i lawr ar hast y tro 'na…

"'Na beth o'dd yn dda am Panto Felinfach, do'dd neb yn ca'l eu talu… Gwirfoddoli o'dd pawb yn neud. O't ti'n rhoi lan mis o amser bob gaea, bob penwthnos, bob nos. Wedyn aeth hi'n anodd 'da fi, gyda'r rhaglenni nos, a o'dd hi ddim yn deg i bawb arall, so ga'th y Sgweiar fynd wedyn… Ond ma'r siwt dal 'da fi…"

Cyflwyniad

Cychwynnodd llyfr Bois y Loris o ddifrif ar y pumed o Dachwedd, 2010. Dyma ddyddiad fy ymweliad â Chrymych i weld Jack Vaughan a Lyn Owens, dau o yrwyr lori Mansel Davies.

Gan ddilyn cyfarwyddiadau Jack i'w gartref, rwy'n troi o'r ffordd, rhwng dwy iet swmpus, ac ymlaen at drac tarmac moethus rhwng cloddiau pert a chymen. Rwy'n darganfod fy hun tu allan i gartref mawreddog sy'n f'atgoffa i raddau o blas y teulu Ewing ar y rhaglen deledu *Dallas*. Mae dyn ar beiriant torri porfa ar y lawnt o flaen y tŷ.

Mae dyncs drwsiadus yn cyrraedd, yn gyrru car 4x4 newydd. Mae hi'n edrych yn rhy ifanc i fod yn wraig i Jack, ond erbyn hyn sai cweit yn siŵr be sy'n digwydd.

"Ydy Jack Vaughan yn byw fan hyn?" rwy'n gofyn iddi.

Na – dyw Jack Vaughan ddim yn byw fan hyn. Ha ha, Jack! Rwy'n cael y cyfarwyddiadau cywir i dŷ Jack gan y ddynes gwrtais ac yn ei baglu hi o 'na cyn iddi ffonio'r heddlu.

Bu yna sawl antur ar y ffordd wedi hynny, ac ambell un o Fois y Loris yn mwynhau tynnu fy nghoes. Rwy'n tybio o hyd mai Gerallt Phillips wnaeth newid cyfeiriad yr arwydd i Lanboidy ar Sgwâr Maudland y diwrnod pan es i ar goll yn chwilio am ganolfan J Thomas & Sons rhwng Llanboidy a Hendy-gwyn ar Daf. Ond fe ges i groeso cynnes ar bob aelwyd, a the a brechdanau a chacenni, a'r cyfle i gyfarfod criw o bobl ddiddorol, amrywiol a chael clywed eu hanesion.

Roedd Gareth Werna yn Nhregaron yn f'atgoffa o Vito Corleone yn y ffilm *The Godfather*. Werna yw'r cyntaf ar restr Clwb Bois y Loris. Mewn ffordd, fe ei hun wnaeth gychwyn y rhestr ffurfiol trwy ofyn i Geraint a gâi gadw'r rhif 10, y rhif cyntaf ar y rhestr.

Ar y dechrau, rhyw fras ddiddordeb oedd gen i mewn lorïau, digon i sylwi ar lori ar y drafffordd yn cludo tanc milwrol, ond nid digon i fod yn sefyll wrth ochr cylchfan ger y Trallwng yng nghanol oerfel mis Chwefror yn tynnu lluniau o loris. Erbyn hyn mae'r diesel yn fy ngwaed, mae'n siŵr, ac mae'r profiad wedi gweddnewid fy marn i am lorïau, ac yn enwedig y bobl sy'n eu gyrru. Rwy'n un o ddarllenwyr cyson *Truck & Driver*, a hyd yn oed wedi cychwyn casgliad modelau lori fy hun, diolch i Eirys Jones o Rhewl.

Bues i yn ôl i weld ambell un o'r Bois, sbel hir ar ôl cwpla'i bortread. Es i am dro i weld Eifion Jones yng Nghwmsychbant er mwyn treulio awr fach hamddenol yn ei gwmni yn gosod ei fodelau ar gefndir arbennig, gydag offer camera arbenigol, a thynnu lluniau ychwanegol i'r llyfr.

Bûm yn ôl i weld Dorian Llety Shon yn Ystrad Aeron, am ei fod yn mynnu fod rhaid i fi dynnu llun o'r Mini wedi iddo gael ei baentio ddeufis ar ôl y cyfweliad gwreiddiol. Pan dwi'n cyrraedd am ddeg o'r gloch ar fore Sul, mae Dorian wedi bod yn gweithio ar y car ers chwech y bore yn barod.

Galwais i heibio Gareth Werna yn Nhregaron hefyd, a tharo ar Lyndon Jones yn rasys Autograss yn Red Roses ger Pentywyn. Dyma'r pedwar dwi wedi eu cyfarfod eto ers eu cyfweld, ond mi fydda i wrth fy modd pan wela i unrhyw un o'r Bois yma eto.

Roedd ambell stori yn arwain at leoliad neu unigolyn arall. Es i lawr i Hendy-gwyn ar Daf ar grwydr, i weld ewythrod Gerallt Phillips, yr anhygoel Sami a Hywel Thomas. Mae'r ddau yn "rhy blydi hen" (76 a 73) ond yn llawn bywyd, ac yn gymeriadau'r diawl. Rwy'n gobeithio'n fawr y bydd Gerwyn Williams yn cael ychydig o hwyl yn gweld y llun o lori Guy Big J y ddau frawd yma.

Bu'n rhaid i mi ffoi ar hast ar ôl cyfweld â Gerwyn Williams ger Llanymddyfri, i ddilyn y trac bychan sy'n arwain at gapel godidog Tabor ger Llandeilo cyn i'r haul fachlud. Dyma lle mae Alun Richards, tad Emyr Wyau, wedi ei gladdu, gyda llun o'i lori ar ei fedd. Mae'r teulu yma i gyd wedi'u magu ym myd Bois y Loris, ac mae'r lori Commer Commando mae Emyr yn dal i'w chadw yn un o'r pethau mwyaf rhyfeddol i mi erioed ei weld. Pan briododd Emyr a'i wraig Glenda, aeth hi i'r briodas mewn car. Aeth Emyr a'i was priodas yn y Commer Commando.

Fe sylwch mae'n siŵr ar y dafodiaith yn y portreadau. Roeddwn yn teimlo'n gryf mai nod y llyfr oedd adlewyrchu nid yn unig hanes gweithiol a chymdeithasol yr unigolion sydd yma, ond hefyd eu lleisiau, eu geirfa, eu 'ffordd o siarad', yn enwedig o ystyried mai clwb radio ar lafar yw hwn. Bu yna rywfaint o gysoni, a nifer o drafodaethau bywiog gyda Meleri, y golygydd, ac rwy'n ddiolchgar iddi am ei hamynedd a'i pharodrwydd i gydweithio ar y broses o olygu testun go anarferol ei naws.

Roedd yn frwydr rhwng cadw'r elfennau yma yn 'bur', fel y'u hynganir, a sicrhau hefyd fod y cynnwys yn eglur i chi'r annwyl ddarllenydd. Rwy'n gobeithio i ni lwyddo i adleisio gwaith 'casglu' anhygoel Roy Saer gyda chaneuon gwerin yn y chwedegau. Rwy'n gobeithio hefyd fod y llyfr yn hwyl, yn hawdd i'w ddarllen ac yn rhyw fath o ddogfen gyfredol o'r iaith Gymraeg ar ffurf lafar yn ei holl amrywiaeth.

O ran terminoleg, rydyn ni hefyd wedi pwyso a mesur faint o elfennau technegol i'w cynnwys. Echel neu *axle*? *Bhp* neu nerth ceffyl? Neu hyd yn oed marchnerth? Wedi trafod hyn ar hyd y daith, nerth ceffyl yw'r term

newydd rydyn ni am ei fathu ar gyfer y llyfr yma i fesur pŵer injan.

Daeth ambell hen air newydd i'r glust hefyd. Rhaid diolch i Dic Owen am ddatrys dirgelwch tarddiad yr enw Rhewl, a hefyd am fy nghyflwyno i air addas iawn ar gyfer llyfr Bois y Loris, sef y 'gotel'. Dyma hen air y Gogledd-ddwyrain o ddyddiau'r porthmyn, yn disgrifio'r gofod drws nesaf i dafarn lle byddai da byw yn cael eu cadw dros nos.

Bûm yn gweithio o Landysul yn y misoedd cyntaf, yn crwydro ar benwythnosau ar hyd hewlydd cefen y De-orllewin. Erbyn mis Chwefror roedd angen cyfarfod Bois y Loris yn y Gogledd, felly bûm yn byw am wythnos mewn stabl ger Llangollen, drws nesaf i'r Commander a'i wraig, Mrs Adair.

Bu prydferthwch y tirlun yn cystadlu gyda'r niwl a'r glaw trwy'r wythnos, a doedd hi ddim yn wythnos hawdd i'w threfnu. Mae trefniadau gyrrwr lori yn gallu newid yn sydyn, ac er gwaethaf fy ymdrechion i gadw trefn, fe aeth pethau'n flêr iawn yr wythnos honno. Roeddwn fel rhyw stelciwr aneffeithiol, yn gweithio o stabl oer

heb signal ffôn symudol, yn "treio trefnu bag llawn cathod".

Ond roedd hwn hefyd yn gyfnod euraid. Roedd cyfarfod Lemuel Lloyd Jones, sy'n dad i Merfyn Jones ac yn gymeriad difyr iawn, yn fonws aruthrol. Cwrddais i hefyd â nifer o bobl eraill nad ydyn nhw'n aelodau o Glwb Bois y Loris, ac roedden nhw oll yn groesawgar ac yn gymorth i fi wrth i fi suddo ymhellach i fyd cludiant Cymru.

Hoffwn i ddiolch i'r Lolfa, Cyngor Llyfrau Cymru, Geraint Lloyd a BBC Radio Cymru, ac yn enwedig i Fois y Loris, am y cyfle i weithio ar brosiect mor arbennig â hwn, a'r gefnogaeth ges i ar hyd y ffordd. Hoffwn ddiolch i Mam, am bopeth, ac am fod yn hi.

Ac yn olaf, ar lefel bersonol, hoffwn nodi fod y llyfr yma er cof am dri pherson a gafodd effaith fawr ar fy ffordd o weld y byd. Y cyntaf yw fy nhad, Capten Rhys Andreas Hampson-Jones. Yr ail yw Chick Chalmers, yr athro a'r ffotograffydd a ddysgodd fi sut i weld.

A'r trydydd yw Hefin Jones, Penrallteifed, dyn dwi erioed wedi ei gyfarfod. Cyfweld â brawd Hefin

a'u rhieni oedd gweithred olaf y llyfr, a hefyd yr anoddaf, o bell ffordd. Roedd yn gyfnod dryslyd i bawb, gyda'r ail ar hugain o Fawrth, 2011, yn flwyddyn gron ers i Hefin huno.

Ches i erioed y fraint o gyfarfod Hefin, ond roedd gweld y bwlch sydd ym mywydau'r teulu a'i ffrindiau ers ei golli yn arwydd ei fod yn ddyn i'w edmygu. Mae yna golled lle y bu.

Owain Llŷr
Mai 2011

Jack Vaughan

Swydd Gyrrwr lori, Mansel Davies a'i Fab, Llanfyrnach
Cartref Crymych, Sir Benfro Rhif Bois y Loris **24**
Oedran 59 Gyrrwr lori am **36 mlynedd**
Lori Volvo FH12 Pŵer **460 nc**

Rwy'n ddigon hen i'r llythrennau 'CB' ddwyn i gof atgofion melys, pell o wylio rhaglenni teledu Americanaidd fel *CHiPs*, a ffilmiau gyda dynion mewn trycs. Bu'r CB yn rhan bwysig o fywyd Jack Vaughan ac mae'n cofio'r radio Citizen's Band cyntaf yn cyrraedd Crymych.

Deugain sianel oedd i'r CB arferol ar y pryd, ond llwyddodd Jack i gael gafael ar beiriant o Iwerddon ac iddo 240 o sianeli. Bu e a'i ffrind Wyn Ridley yn edrych 'mlaen at ei ddefnyddio am y tro cyntaf.

"Mewn yn Datsun, hen un melyn, Datsun Cherry falle? A ffito'r hen CB mewn 'na, a trial cael e i weithio… A dyma Wyn Ridley yn gweiddi, a rhywun yn ateb dros y CB. Pry'ny dda'th y *camaraderie*… A fel'na wedd hi…

"I ni, y peth gwaetha dda'th oedd y ffôns 'ma. O'ch chi'n ca'l pedwar neu bump CB ar yr un sianel – lot o sbort! Fel ma'r hen fois yn weud wrtho ni – 'dyddie difyr!'"

Mae Jack yn gallu enwi pob lori y bu yn ei gyrru erioed, ac mae e hefyd yn cofio'r rhifau cofrestru. Bedford TK oedd ei rig cyntaf, yn mynd â lloi o Gastell Newydd Emlyn i East Anglia. 'OMB 945P' oedd y rhif. Yna aeth i weithio i Roy Rees am gyfnod, mewn Scania 111, yn cludo tractorau a pheiriannau. Wedi hynny, cafodd gyfnod mewn Volvo F10 o Griffin Mill, Pontypridd.

"Y lori orau werthodd Volvo erioed… lori fach dda. Wedd hi'n *bees' knees* ei hamser. Fi'n cofio nhw'n dod mas. Aeth un i Roy Rees, un i Mansel Davies a un i Trefigin Farm, fel oedd hi pry'ny. Ga'th honna *crash* – aeth hi syth 'mlan trwy Pont Abraham. Gwyddelod oedd 'na pry'ny…"

Injan 305 nc oedd honno. Yna cafodd ei Volvo FH12 gyntaf gyda 380 nc, ac ymlaen at Volvo FH12 arall a chanddi nerth ceffyl o 460.

"A neith honno'r tro i fi tan y diwedd." Mae'n parhau i deithio ar adegau trwy Gymru, Lloegr, yr Alban, Iwerddon, Ffrainc, Gwlad Belg, yr Iseldiroedd a'r Almaen ac yn mwynhau ei waith o hyd.

"Dwi'n cael gweld y wlad, a gweld Ewrop, a cael fy nhalu am 'ny. Er dyw hi ddim yn aml fi'n gweld rhywle newydd dyddie 'ma.

"*Ninety-five* oedd hi pan o'n i'n dechre mynd i'r cyfandir. Maidd a hufen oedd 'da ni pry'ny, a wedyn falle dod nôl â olew cwcan, rhywbeth fel'na… O'n i'n mynd am

Jack Vaughan yn nerbynfa
Mansel Davies. Cafodd
Jack alwad annisgwyl gan yr
heddlu un tro i fynd i gasglu
llwyth dirgel

pythewnos. Ond ma'r gwaith 'di altro'n ofnadw – s'o ni'n mynd mor bell rhagor… ma pobol rhatach na ni'n neud y gwaith 'na ar y cyfandir nawr.

"Dim job yw e, t'el – *way of life* yw e. 'Na gyd fi 'di neud oddi ar bo fi'n ddau ddeg tri. Ond fi'n mynd rhy hen rhagor… licen i 'sen i'n gallu fod gatre mwy aml. Jobyn bachan ifanc yw e – ma mwy o isie cysgu arna i diddie 'ma."

Does fawr o syndod fod Jack angen ei gwsg. Yn yr wythnos sydd newydd fynd heibio, ac yntau'n nesáu at ei ben-blwydd yn drigain, aeth o Lanfyrnach i Lundain, yna i Felixstowe, a draw i Rotterdam, cyn dod yn ôl i Gymru. Llaeth oedd y llwyth i Lundain, ond yng ngeiriau Jack,

"Ma Mansel Davies yn cario unrhywbeth o *shit* i siampŵ! Ma'r rhan fwya o'r gwaith i neud 'da'r ochor ffarmo... *Manure,* cwrtaith, gwellt, coed… beth bynnag sy gael sy isie symud."

Wrth edrych trwy ei albym o luniau o'r ffordd, mae'r atgofion am ei fywyd ar yr hewl yn llifo nôl. Cafodd gyfnod cyffrous yn

gweithio'r *loader*, yn casglu loris wedi'u difetha. Ac nid loris yn unig!

Un dydd Llun tua 1994, derbyniodd alwad *hush hush* i fynd i Gaerfyrddin gyda'r *loader*.

"A ma'r ffôn yn mynd, 'Head for Llanelli.' Es i dros y bont a clywed, 'Head for Llandeilo.' Wedyn, 'Keep going 'til you see a police car.'"

Wedi cyrraedd y cerbyd heddlu, dyma Jack yn gadael y treilyr wrth ymyl sgwâr Gelli Aur. "Y peth nesa o'n i'n gweld oedd y Chinook 'ma'n dod gyda *helicopter* yr heddlu odani hi yn shilts."

Daw rhagor o atgofion am weithio ar y loris gwellt gydag Alun Saron, neu Alun Llandysul fel y mae rhai yn ei alw. Dyma lori Jack yn cludo hen injan dân RAE Aberporth i Farnborough ar ddiwedd ei hoes. Dyma Jack yn llwytho tancer yn Felinfach. Jack yn gyrru ei lori ar drên, rhywbeth sydd ddim yn digwydd cymaint rhagor. Llun o wartheg wedi eu gwneud o goncrit ar gylchfan yn Rouen.

A daw'r enwau yn fyrlymus o'r cof. Ridley Bach a Ridley Tew, ei frawd. Jim Cwmcou, Alun Saron, Woodie. Lyn Trelech a Jack

Pengraig. A'r *handles* hefyd, yr enwau CB oedd gan bawb. 'Tonto' oedd Wyn Dudley. 'Ffesant' oedd Gerallt Phillips. 'Bionic Budgie' oedd John 'Mochyn'. A 'Big John' oedd enw Jack.

"Wedd John 'Mochyn' yn siarad 'da'i wraig un tro, tra bo ni gyd ar yr hewl. 'A welais ti'r *eclipse*?' gofynnodd hi iddo fe. 'Do, do, welais i fe yn Welshpool, 'biti marcie wyth.' A wedodd hi bod e'n *impossible* achos oedd e dros Tegryn erbyn 'ny…"

'Sin City' oedd Aberteifi. 'Tombstone City' oedd Castell Newydd Emlyn. 'Open All Hours' oedd tafarn Pen y Bryn Arms ger Aberteifi, a'r 'Woolly Jumper' oedd y Lamb Inn yn Aberteifi. Ond mae'r enwau ffug yma'n diflannu nawr, ers cyfreithloni'r CB a dyfodiad y ffôn symudol.

Ac yntau'n briod am yr ail waith, mae gan Jack dri o blant ac wyth o wyrion, a dau arall ar y ffordd. Mae ei fab, Richard Vaughan, yn gweithio i Mansel Davies fel mecanic ers ei fod yn un deg chwech mlwydd oed. Mae'n dri deg pump erbyn hyn, ac fel ei dad

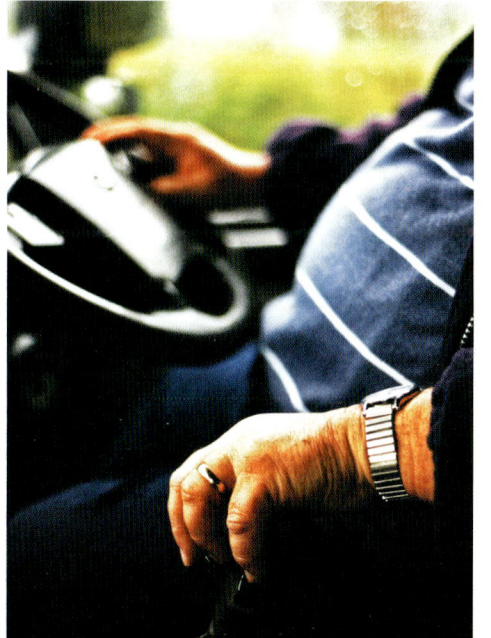

Richard Vaughan a Jack

yn ymddiddori mewn tractors a loris *classic*.

Mewn sied yn agos i'w gartref mae Jack yn cadw'r hen dractor bach Super Dexta. Ar y fferm deuluol mae ganddo ddau dractor arall a lori *classic* hefyd. Bydd Jack a'i fab yn mwynhau trwsio a chynnal yr hen beiriannau yma, er mai Richard sy'n gwneud y rhan fwyaf o'r gwaith, yn ôl Jack.

Ac fel bechgyn bach (a merched bellach?) ledled Cymru, mae Jack yn dal i ymfalchïo mewn modelau o loris. Ond nid teganau yw'r rhain.

"Y rhai drud yw'r rhai Cymru i gyd. Teganau yw'r rhai bach 'ma, ond ma'r rhai top 'na… Dales i £160 am hwnna… Faint oedd honna? £90? *Models* y'n nhw, nage *toys*."

Ond mae pethau wedi newid ers ei ddyddiau cynnar gyda'r loris.

"Sdim yr un *camaraderie* 'da ti… Alla i ddim â gweud fod gymaint o ffrindie yn y job rhagor. Pan oedd cyfnod y CBs o'n ni i gyd yn un teulu mowr, a pob un yn siarad Cymraeg. Fi'n cofio Mansel Davies oddi ar pan o'n i'n dair, pedair blwydd oed. O'n nhw'n gwerthu bwydydd da a moch a ffowls pry'ny. A mynd lawr yn y *linkbox* yn y Ffergi Fach 'da Datcu, lawr i nôl bwyd y ffowls o iard gwaelod Mansel Davies. A ma'r tamaid o sied 'na o hyd. Ma'r bos yn pallu cael gwared ar honna… Fi'n cofio mynd mewn iddi yn blentyn a hôl bwyd y ffowls a Red Label, bwyd i'r da. Ac oedd pawb yn siarad Cymraeg.

"A fi'n cofio'r boi cynta oedd yn gweithio yn Llanfyrnach oedd yn Sais. John Barkby oedd ei enw fe. Daeth e lawr o Burton-on-Trent. Ac oedd neb yn siarad 'da fe achos mai Sais oedd e. Gorfodd e dysgu Cymraeg. Ond ma mwy o'n nhw na ni nawr, a fel'na ma pethe 'di altro."

Ac yntau'n aelod amlwg o'r gymuned Gymreig glòs yng Nghrymych, mae Jack yn amlwg wrth ei fodd gyda'r iaith, y diwylliant cefn gwlad a Chymreictod. Mae'n mwynhau chwarae ei ran yn ei gymuned leol, yn codi arian at achosion da trwy arddangos ei gasgliad o dractorau.

Ac mae Clwb Bois y Loris hefyd yn bwysig i Jack – efallai'n adlais o'r cyfnod cynnar hwnnw pan oedd bois y loris Cymraeg eu hiaith yn llenwi tonfeddi y radios CB ar hyd lonydd y wlad.

"Ma'n bwysig ofnadw bo ni'n cadw e. Ma rhaid i ni gadw e. A ma dyled mowr 'da lot o' ni i Geraint am neud e. Ni'n nabod bois nawr yn *North Wales* bydden ni ddim yn nabod oni bai am y rhaglen. Y'n ni'n gweld ein gilydd yn y sioe fawr yng Nghaerfyrddin a ma'r bois yn dod lawr o'r *North*. Lan hewl yw e i ni, ond ma bois y Gogledd yn mynd i lot o ffwdan i ddod lawr. Ma'n bwysig. Ni gyd isie gwrando ar y rhaglen 'na, yn iaith ein hunain, on'd dyfe?"

Rwy'n gofyn i Jack enwi y lle mwyaf cofiadwy mae e wedi ei weld ar ei deithiau.

"Ti moyn gwbod? Y sein cynta ti'n gweld 'da 'Cymru' arno fe pan ti'n dod nôl i Gymru."

Lyn Owens

Swydd **Gyrrwr lori, Mansel Davies a'i Fab, Llanfyrnach**
Cartref **Aberporth, Ceredigion** Rhif Bois y Loris 166
Oedran **44** Gyrrwr lori am **23 mlynedd**
Lori **Volvo FH12** Pŵer **460 nc**

Rwy'n cyfarfod Lyn Owens ar glos Mansel Davies a'i Fab, tra'i fod e'n aros i olchi'r rig ar brynhawn dydd Gwener. Mae'n gwenu ac yn cael hwyl tra bod criw o fois Mansel Davies yn tynnu ei goes wrth i fi dynnu lluniau ohono, yn enwedig tra'i fod yn glanhau'r cab.

"Lyn – 'na'r tro cynta i ti olchi'r lori 'na erioed," medd un o'r bois.

Rwy'n sylwi'n syth ar lenni melfedaidd y cab, ac ar ei bentwr o datŵs, ac yn penderfynu mewn chwinciad fod hwn am fod yn dipyn o gymeriad.

Ac yn wir, mae'n hwyl cloncan gyda Lyn yng nghab ei lori ar y clos. Mae newydd barcio yn y man arferol, yn barod i fynd adref i Aberporth am y penwythnos, i fro ei febyd. Oes yna rywbeth yn arbennig y bydd Lyn yn edrych 'mlaen ato'r penwythnos yma?

"Black Russian ar ddiwedd y nos, ar ôl llond bol o lager…"

O'n blaenau wrth i ni siarad mae yna saith tancer mawr yn barod i'w llenwi gyda llaeth lleol. Bydd yna bedwar tancer arall yn cyrraedd cyn hir, ar ben y saith sydd ar y clos, a'r rhain i gyd yn teithio'n ddyddiol o Sir Benfro i Sir Fôn.

Mae yna le parcio arall gerllaw i'r loris yma, mewn rhan arall o'r clos enfawr sydd yn debycach i faes awyrennau na chlos fferm. Tancers yw'r rhain sy'n cael eu paratoi i fynd, yn ddyddiol unwaith eto, i Southampton y tro hwn. Ac mae yna safle ychwanegol ar gyfer y rhes o loris sydd yn mynd i Lundain bob dydd.

Cychwynnodd yr wythnos i Lyn tua phump o'r gloch fore Sul, gyda thrip bach i Langefni. O fan'na i Groesoswallt, wedyn draw i Ffrainc ddydd Mawrth. Erbyn dydd Mercher mae e'n llwytho olew yn yr Iseldiroedd, cyn dod yn ôl i orllewin Cymru, i Felinfach. Wedi hynny, trip arall i Langefni, yna adref i Lanfyrnach ar ddiwedd wythnos brysur a hir.

Roedd Lyn yn ddau ddeg un mlwydd oed yn dechrau ei waith ar y loris, a dyna y bu'n ei wneud ers hynny. Pedwar mis yw'r cyfnod hiraf y mae wedi ei dreulio bant o gartref mewn un trip.

"'Na'r unig ddiléit sy 'di bod 'da fi erioed. Ma riferso *artic* fel riferso tractor – 'na'r diléit… 'Na beth oedd 'yn dad yn neud – o'n i 'di gwirioni gyda'r cwbwl. Oedd e off i De Affrica a llefydd fel'na…

"Bues i'n gweithio yn Iwerddon am naw mlynedd a 'na amser gorau bywyd fi… oe'n nhw'n adar y diawl!"

Erbyn hyn, mae'n hapus ei fyd yn gweithio gyda Mansel Davies, gan esbonio fod yna bob amser rywun ben draw y ffôn mewn argyfwng, hyd yn oed am dri y bore. Fel arfer Stephen, mab y bos, yw hwnnw.

"Mansel Davies sy bia'r lori, ond erbyn ti yn Crymych ti'n fos ar dy hunan. Ma nhw'n blydi spesial 'hware teg…"

Nid dyma'r tro cyntaf i fi ymweld â Mansel Davies chwaith ac rwy'n cael fy synnu'r eildro. Rhyfedd fod yna bencadlys mor weithgar ac anferth yng nghefn gwlad Sir Benfro, nid nepell o'r Preselau. Mae'n weithle diwydiannol lle mae'r iaith Gymraeg yn gryf o hyd, ond mae pethau wedi newid ers y blynyddoedd pan oedd pawb yma'n siarad Cymraeg.

"Ma 'di altro tipyn. We nhw'n neud tato 'ma, a baset ti'n aros i bobol llenwi'r trelyr 'da tato cyn i ti fynd… Ond mae'n anodd credu faint o bobol sydd ar yr hewl yn gynnar yn bore dyddie 'ma. Chwech yn bore, le yffarn ma nhw gyd yn mynd?"

Fel nifer o'r gyrwyr eraill a fu wrthi cyn dyfodiad y ffôn symudol, mae Lyn yn dal i ymfalchïo yn ei radio CB.

"Sai'n deall y blydi ffôn 'ma," mae'n dweud, gan edrych yn sarhaus ar y teclyn amheus.

O ran ei amser hamdden prin, roedd yn arfer bod yn aelod o nifer o glybiau dartiau o gwmpas y wlad, ond y dyddiau yma mae'n mwynhau cael amser bant o'i waith gyrru wrth "joio'r motobeics. Ma Suzuki 1400 'da fi."

Fel lot fawr o Fois y Loris, mae'n amlwg bod Lyn wrth ei fodd mewn neu hyd yn oed ar gerbyd o unrhyw fath.

"Ma rhai pobol yn ffeindio dreifo'n waith caled ond, na, joio, fi'n joio… 'Na'r unig peth sy'n difetha'r gwaith 'ma yw gwaith papur."

Dyw Lyn ddim yn rhy hapus chwaith fod derbyniad Radio Cymru yn diflannu pan mae'n croesi'r ffin. Roedd e wedi disgwyl i hynny wella yn yr oes ddigidol, ond mae'n dal i ddisgwyl, ac yn dal i golli rhaglen Bois y Loris pan mae e'n teithio dramor.

Mansel Davies a'i Fab Cyf.

Swydd **Cludwyr rhyngwladol** Cartref **Llanfyrnach, Sir Benfro**

Mae Mansel Davies yn enw cyfarwydd iawn. Er hynny, mae'n anodd cael gwybodaeth am y cwmni, boed hynny ar y we neu mewn llyfr. Cewch chi ddigonedd o luniau o loris Mans ar y we, ond prin iawn yw'r hanes cyhoeddus am y cwmni.

Felly, ar fore llethol o oer ar ddiwedd Ionawr, rwy'n syllu ar thermomedr y car, sy'n honni ei bod hi'n finws pum gradd am ddeg y bore, ac yn gwibio trwy ogledd Sir Gâr tua Chrymych a diwedd y daith, Llanfyrnach.

Lle bychan yw Llanfyrnach, rhyw ddwy filltir o Grymych. Mae'n anodd gweld safle cwmni lorïau Mansel Davies o unrhyw un o'r lonydd cefn o'i gwmpas. Rwy'n cyrraedd am hanner awr wedi deg ar gyfer fy nghyfarfod gyda Stephen Mansel Davies, rheolwr-gyfarwyddwr y cwmni, ond mae Stephen yn brysur o hyd, ac mae'r haul yn disgleirio. Felly, er mor oer yw hi, tynnu lluniau amdani, a darganfod ambell ddiléit annisgwyl fel lori Volvo FE y Cwmni Llaeth Cymreig.

Gan fod gen i gysylltiad teuluol â'r cwmni, rwy wrth fy modd yn gweld y Volvo fechan yma sy'n llai o dipyn na lorïau Volvo FH mawreddog gyrwyr loris Mans. Yn ôl Barry, gyrrwr y lori, sydd wrthi'n trosglwyddo llaeth o ffermydd lleol i un o dancers mawrion Mansel Davies, hon oedd y gyntaf o'i bath yn y Deyrnas Unedig. Mae hi'n lori fach dwt ac yn un sy'n codi gwên ar fore rhewllyd.

A phob man rwy'n mynd fe wela i hen foi yn crwydro'r *complex*, yn sicrhau fod popeth yn ei le. Rwy'n troi fy nghefn i dynnu llun a dyna fe eto, ar ochr arall y clos, yn cadw i symud, fel siarc mewn cot camel. Dyna fe'n siarad gyda'r mecanics. Yna, ddeng munud wedi hynny, rwy'n tynnu llun o lori yn tynnu allan o un o'r siediau anferth. A phwy sydd wrth y llyw? Rwy bron

yn siŵr mai fe, y bos, sydd tu ôl i'r olwyn.

Kaye Mansel Davies yw enw'r gŵr rhyfeddol yma ac mae e'n saith deg pedwar mlwydd oed. Pan rwy'n glanio ar y safle, fe sydd yno'n syth i holi am fy nymuniadau. Mae'n fy nghyflwyno i'r mecanics ac yn siarad siop am ychydig. Mae'n hoff iawn o dynnu lluniau

ei hun ac mae'n ymddangos yn hapus i weld camera ffilm mewn oes ddigidol.

Kaye yw cadeirydd Grŵp Cwmnïoedd Mansel Davies. Mae'r enw Kaye yn deyrnged i Kaye Don, y gyrrwr rasio.

Ddwy awr ar ôl cyrraedd, rwy'n cael fy ngwahodd i'r swyddfa i drafod hanes y cwmni gyda

Stephen Mansel Davies, dyn sy'n ateb ffôn boed hi'n ddydd neu'n nos. Ar ôl ychydig o fân gloncan i drafod y llyfr ac i weithio mas "o le fi'n dod", mae'n cychwyn adrodd hanes twf y cwmni unigryw hwn.

"Yn *eighteen seventy-five,* wedd hen hen datcu fi, sef tad Mansel Davies – John Davies – yn gweithio yn y *lead mines* yn Llanfyrnach.

A rhywbryd pry'ny, dechreuodd e seto lan fel *lime and grain merchant*, a wedyn gwerthu glo nes 'mlan. Wedd popeth yn dod mewn ar traen pry'ny...

"S'o ni'n reli gwbod lot o hanes y cwmni pry'ny, ond ni'n gwbod yn 1901 we' Mansel Davies, sef ei fab e, yn gweithio fel *merchant's clerk*. A Mans wedyn fuodd yn rhedeg y cwmni tan canol y *nineteen fifties*. Wedd 'da fe *railway siding* ei hunan, lle mae'r hen sied ar yr iard waelod."

Dyma'r sied mae Jack Vaughan yn ei chofio ers ei blentyndod, a sied sydd yma o hyd, ers cychwyn y cwmni.

"Ro'dd glo'n dod mewn ar traen, *cake* yn dod mewn ar traen, a cwpwl o loris bach wedyn yn mynd mas â'r stwff rownd ffermydd. O'n nhw'n mynd i'r chwareli, a o'dd calch yn dod mewn, calch 'di llosgi, pethe fel'na. Cystadlu gyda'r Co-op o'dd e pry'ny, o'dd Co-op yn Crymych, a un yn Clunderwen, a dim ond gwerthu stwff *agriculture* i ffermwyr wen ni pry'ny."

Cwmni teuluol fu hwn erioed. Stanley Myrnach Davies oedd tad

Kaye, a Stan yw'r 'Mab' yn yr enw Mansel Davies a'i Fab.

"Wedd Stan, ei fab e, wedd e'n *area manager* 'da cwmni lleol, yn gwerthu *cake*, a o'dd e'n gweithio gyda'i dad, sef Mans, a fuodd Mans yn byw tan y *seventies*, o'dd e'n fyw tan fod e'n naw deg dou.

"Da'th 'yn dad adre o *national service* 'biti *nineteen fifty-six*. Cymerodd Dad dros y cwmni, reli, o *nineteen fifty-eight* 'mlan. Wedyn gas ei dad e *operation* mowr yn 'biti *nineteen sixty-two*. Weithiodd Stan ddim o *nineteen sixty-three* o gwbwl. So brynodd Dad y cwmni, a wedd 'biti deg lori 'ma pry'ny. Ma cant saith deg 'ma nawr, a dou gant a hanner o treilyrs.

Rhyw ddegawd ar ôl i Kaye ymuno â'r cwmni, daeth lot mwy o waith i'r diwydiant cludiant ar y ffordd yn sgil adroddiad Beeching, a chaeodd nifer o'r gorsafoedd rheilffordd lleol.

"Caeodd y *railway* 'biti *nineteen sixty-three*. So wedd isie mwy o loris wedi 'ny. Wedd popeth yn dod mewn ar traen, a loris bach yn mynd mas… Wedyn wedd isie mynd yn bellach i mofyn stwff. Wedd *cake* yn dod lawr o Liverpool a o fan hyn wedyn aeth y cwmni yn fwy. A gan bwyll bach ma hi 'di bod, ers blynydde. S'o ni 'di ca'l *spurt* mowr, jyst *steady growth* ers 'biti hanner can mlynedd."

Er mai cyson fu datblygiad y cwmni, mae Mansel Davies a'i Fab yn cyflogi nifer fawr o bobl yn ne-orllewin Cymru, ac mewn ardaloedd difreintiedig lle mae gwaith yn brin.

"Erbyn heddi, wrth gwrs, ma *site* 'da ni fan hyn, un yn Letterston, *workshop* yn Temple Bar. Ma *site* arall a garej 'da ni yng Nghaerfyrddin hefyd. Sdim pob peth yn *based* fan hyn."

Er bod nifer lorïau Mansel wedi cynyddu dros y blynyddoedd, ac er gwaetha'r twf yn y diwydiant cludiant ers cau'r rheilffyrdd, mewn gwirionedd mae yna lai o lorïau ar y ffyrdd heddiw na phan gaewyd y rheilffyrdd.

"Cerwch chi nôl, ma *one third* o'r loris nawr o beth o'dd ar yr hewl nôl yn y chwedegau. A o'dd gymaint o loris bach i gael. Wedd lawer mwy o loris na beth sy gael nawr. Ond 'na beth sy i gael, lot o' nhw nawr, yw *white vans*. Nôl pry'ny wedd dim un *white van* ar yr hewl. Ma mwy o loris mowr nawr, ond llai o loris ar yr hewl, a mwy o *vans*. Cerwch chi nôl i'r chwedegau, wedd lori'n cario wyth tunnell. Nawr ma lori'n cario dau ddeg wyth tunnell, so 'na'r gwahaniaeth."

Ac ers dechrau'r cwmni yn ôl ar drothwy'r ugeinfed ganrif, mae Mansel Davies a'i Fab wedi tyfu i fod yn un o brif gwmnïau cludiant Cymru, os nad y mwyaf.

"Erbyn hyn ni yw *bulk haulier* mwya Cymru. Ni'n casglu llaeth, ma chwech deg o tancyrs *artic* 'na. Ond nid dim ond llaeth – ni'n neud *foodstuffs*, *food grade liquids*, *orange juice*. Ma loris glo 'da ni, ma *slate mine* 'da ni, yr hen un yn Glog. Prynodd Dad honna 'biti *sixty-nine*, a *slag* sy mas o 'na fwya, gwastraff."

Os ewch chi am dro i bentref bychan Glog, ger Hermon, cewch chi weld yr hen chwarel sydd bellach yn rhan o ymerodraeth Mansel.

"S'o ni'n siŵr pryd caeodd e, ar ran y gwaith, ond rhywbryd 'biti *eighteen-ninety.* Ma *spreaders* calch 'da ni wedyn. Ni'n testo'r tir, i weld y pH. Ma'n bwysig i ffermwyr ffor' hyn, achos ma pethe arall yn costi gymaint erbyn hyn, *nitrogen,* pethe fel'na. Ma'r ffermwyr da yn testo'n aml a cadw ar ben y lefel pH."

Volvo yw pob lori yn Llanfyrnach ar wahân i ambell un ar yr iard waelod.

"Pob un o' nhw nawr, gan fod ni 'di prynu mewn i'r cwmni. Ni yw'r Volvo *agents* nawr, o Abertawe lan at Machynlleth, y tri sir de, os chi moyn. Nôl 'biti *nineteen seventy-six* prynon ni'n Volvo gynta 'ma. Wedd bois yn aros bant fwy, bant am wthnos ar y tro. O'dd Dad moyn loris â *sleeper cabs.* Pry'ny o'dd cab lori jyst yn lawr pren a wedd bois yn cysgu ar hwnnw.

"Yn *nineteen eighty-two* wedyn, o'dd *dealer* agosa ni yn Abertawe a penderfynon ni edrych mewn i ga'l *dealership.* Ma 'da Volvo *good range* o loris. Ma lot o loris da arall i gael, ond ma *range* mowr 'da nhw a 'na beth ni'n

prynu nawr de. Dwy flynedd nôl o'dd y lori ddwetha o'dd ddim yn Volvo. Scania o'dd hi, lori laeth, ar ôl i ni brynu cwmni arall."

Beth yw hanes yr hen lori ERF a'r injan dân ar yr iard waelod?

"RAE Aberporth sy bia'r injan dân. Ma hi lawr 'ma'n ca'l *service.* Sdim fel arfer isie neud lot iddi, ond ma hi'n dod 'ma i'r bois gael pip arni."

A'r ERF?

"Cab pren sydd i honna. Prynon ni hi wrth ERF eu hunain. *Apprentices* ERF bildodd hi. Ma hi 'da ni ers rhyw *forty-five years.* S'o ni'n iwso hi rhagor, ond ma hi dal yn mynd. Da'th honna 'biti *nineteen seventy-five,* achos des i 'ma i ddechre gweitho yn *nineteen seventy-nine.*

"Ma un o *directors* ERF, bachan o Groesgoch yw e – Tony Davies. Symudodd e mas i Dde Affrica a ma fe 'di bod mas 'na nawr ers *thirty-five years.* Ma ERF, wrth gwrs, 'di cau nawr. Galwodd e 'ma pwe ddiwrnod – Cymro glân!"

Dyn busnes yw Stephen, a diolch i'r drefn am hynny, o ystyried yr holl bobl sy'n dibynnu

ar y cwmni am waith. Ond oes yna ran ohono sy'n dyheu am ddyddiau'r hen loris?

"Na, na. Sdim diddordeb 'da fi… Ma mwy o ddiddordeb 'da fi mewn beth sy'n dod nesa. Yr *emphasis* mwya ar hyn o bryd yw *emissions.* Ni ar Euro 5 nawr, wedyn fydd Euro 6. Ma *emissions* lori 'di dod lawr 'biti *eighty per cent.* A *percentage* bach o *emissions* nawr, ym Mhrydain, sy'n dod o loris.

"Y problem sy 'da loris yw, achos bo nhw'n ffeito yn erbyn *emissions,* y'n ni'n ca'l dim gwelliant ar *mpg.* Chi'n 'hware un yn erbyn y llall. So ma nhw'n ffaelu'n deg ca'l yr *mpg* lawr. Ni'n ca'l dan saith *mpg* ar y ffordd i'r Gogledd, falle gei di wyth ar y *motorway.*

"Ni'n gweithio i'r *EU emissions,* ond dim ond nawr yn De Affrica ma nhw ar Euro 2, a New Zealand, Awstralia, dros y byd i gyd. So ma nhw nawr, yn barod, yn *fifteen years* tu ôl. Sy'n hala chi feddwl, pam y'n ni yn mynd i'r holl *expense* pan dim ond pishyn bach y'n ni yn Ewrop? America!

S'o nhw'n cymryd dim sylw. Ma nhw lawer, lawer gwaeth."

Ydy Stephen yn nabod rhai o Glwb Bois y Loris?

"Ma lot o fois 'di bod 'ma blynydde mowr, bois lleol. Ma Jack (Vaughan) 'ma ers *twenty-five years,* ma Gerallt (Phillips) siŵr o fod 'ma ers *thirty-five years.* A wedyn ma lot wedi mynd a dod. Ma nhw 'da chi am flwyddyn, a wedyn ma nhw 'di mynd."

Beth sy'n gwneud gyrrwr lori llwyddiannus yn y tymor hir, felly?

"Anaml iawn y'n ni'n dechre rhywun os nag y'n ni'n nabod nhw. S'o ni'n dechre bois heb *experience,* heblaw bo ni'n nabod nhw. Lot o'r bechgyn sy 'ma, fi'n nabod nhw erioed. So ti'n gwbod yn ifanc wedyn os ma nhw'n siwto'r jobyn."

A pha sgiliau sydd eu hangen ar gyfer y jobyn?

"Bo diddordeb 'da nhw... Os nag oes rhywun moyn neud rhywbeth, newn nhw ddim o' fe'n iawn. Ma rhaid fod diddordeb

'da nhw, *pride* yn beth ma nhw'n neud. Ni'n nabod y bois i gyd sy'n dreifo. Ni'n nabod teuluoedd nhw, nabod eu plant nhw. Cwmni teuluol yw e, a ni'n trial cadw e fel'na."

Yn dilyn yr un trywydd, felly, pam mai yn Llanfyrnach mae cwmni Mansel Davies wedi ffynnu? Ydy'r lleoliad yn bwysig?

"Achos mai fan hyn ni 'di bod. Brynodd Mans dou barc wrth yr eglwys. Fe gododd y tŷ gwyn. A'r tŷ arall ar y cornel fan'na, rhoiodd e'r plot i'w frawd e serch fod e ddim byd i neud â'r busnes. A'n dad sy wedi bod wrthi wedi 'ny. Pedwar *shareholder* sy – 'yn dad, 'yn fam, fi a 'ngwraig. Ma 'ngwraig i'n gweitho 'ma oddi ar dda'th hi mas o'r ysgol. Hi sy *in charge* o'r *accounts*. A ma 'nhad wedyn, ma fe 'ma bob dydd, peth cynta yn y bore. Ma fe'n saith deg pedwar a hwn yw ei fywyd e."

Mae'n waith caled, ac yn ddiwrnod hir.

"Ma'r job yn *tough*. Ma'r economi'n isel, ma prisie *fuel* yn mynd lan trw'r to. Ma fe'n galed, ma pethe'n wael mas 'na. Ond y'n ni 'ma am y *long haul*. Fel'na ma'r job. Ma'r amser 'ma'n *tough* i bob un. Ma'n waeth na beth ma lot o bobol yn gwbod. A ma'r flwyddyn nesa 'ma, ma lot o bobol yn mynd i sylwi."

Mae Stephen yn ffyddiog, serch hynny, y bydd Mansel Davies a'i Fab yn parhau i gludo ar hyd lonydd Cymru am flynyddoedd i ddod.

"Yr un *customers* sy 'da ni ers blynydde mowr. 'Na beth ni'n gwerthu yw *service*. Bydd rhywun

Lori Volvo FE y Cwmni Llaeth Cymreig

Cartref Mansel Davies

Gweithdy mecanics
Mansel Davies

rhywle wastod yn gallu neud pethe'n rhatach. Ond ni'n rhoi *good service.* Pan o'dd yr hewlydd yn wael, fel o'n nhw cyn y Dolig, pigon ni llaeth lan o bob un ffarm.

"A wedd dreifyrs yn gweitho mewn *conditions* diflas, wedd hi'n wael… O'dd rhai ffermydd eraill 'di gorfod dympo'r llaeth. Ond gyda help y ffermwyr… O'n nhw'n gweld ni'n trial, so o'n nhw'n fodlon helpu. Yn Crymych wedd tractors 'da ni yn tynnu lori o un ffarm i'r llall. O'dd pob un yn gweitho 'da'i gilydd."

Mae gwreiddiau Stephen yn ddwfn yn ardal Crymych.

"Ma'r ardal 'ma'n grêt. Sa i 'di byw yn ddim lle arall, dim ond 'ma fi'n gwbod. Dwi'n lico'r ardal. Ma lot o bobol yn dod 'ma i weld y lle, yn ffaelu deall fod *20-acre site* yn ganol y pentre 'ma. Ond pan chi'n edrych ar y map rownd ffor' hyn, ni'n 'biti fod reit yn y canol.

"Ma *seventy-five per cent* o gwaith ni i neud 'da ffarmo. Ma bron popeth ni'n neud i neud 'da *agriculture*, a ni reit yn canol le ma'r *agriculture*. Ni yn ganol y tri sir. Ni'n cefnogi clwb rygbi Crymych, achos ma diddordeb 'da ni. Crymych y'n ni.

"Ni *twelve miles* o'r *dual carriageway* yn Sanclêr, *twelve miles* o Aberteifi. Ni *twenty-five miles* o Abergwaun, rhywbeth tebyg o Penfro. Ni'n gymharol *central* o ran le y'n ni. Ma rhai'n gweud bydden ni well off ar y *motorway*. Ond bydde dal isie pigo llaeth lan o Eglwyswrw. Ma fan hyn, ma fe yn ganol lle ma gwaith ni."

Faint o'r gyrwyr sy'n teithio'n bell?

"Ma dros wyth deg o' nhw. 'Biti hanner y bois s'da ni yn dreifo. UK yw hwnna – ma nhw bant trw'r wthnos. Ma'r bois fel Jack a Gerallt, a Lyn, nhw sy'n dreifo i'r *continent* i ni. Gwlad Belg, Ffrainc, Holland… 'Biti *fourteen* o'r bois sy'n neud 'na. Dim ond *food products, dairy products*… heblaw am Iwerddon wedi 'ny. Achos mai ni sy bia Pembrokeshire Freight, a Perennial Freight, ni'n hala treilyrs mas fan'na, ond ddim y loris. Ni'n gollwng y treilyrs yn Abergwaun, a ma'r *containers* yn mynd draw, a cwmni arall yn çasglu fan'na."

Ydy Stephen erioed wedi meddwl gwneud unrhyw beth arall ar wahân i'r gwaith mae'n ei wneud ers gadael yr ysgol?

"Na, na. Hwn yw 'mywyd i, hwn dwi'n deall. 'Na gyd o'n i moyn neud erioed. Es i bant i ysgol, es i i Llandyfri. O'n i moyn dod 'ma yn *nineteen seventy-eight*, ar ôl neud Lefel O. Ond oedd Dad yn pallu gadael i fi ddod 'ma pry'ny. Es i nôl i'r ysgol am flwyddyn a des i gatre yn *nineteen seventy-nine* – wen i'n *seventeen* ac yn gallu dreifo. A fi 'di bod gatre oddi ar'ny."

Am 6.20 bob bore yn ystod yr wythnos, mae Stephen ar y clos. Mae'n cwpla gwaith tua wyth bob nos. Dydd Sadwrn mae'n cwpla gwaith tua dau, ac ar ddydd Sul mae'n cwpla am un. Os oes rhywun yn ffonio, mewn trafferth, mae ffôn Stephen yn canu os nad oes neb yn y swyddfa. Pan mae Stephen bant, bydd Kaye yno i ateb y ffôn.

"Bydden i byth yn disgwl bois i ddreifo heb fod rhywun ar gael i ateb y ffôn. Ma fe'n mynd trw' i fi neu Dad… Ma wastod rhywun 'na ar ddiwedd y ffôn."

Stephen Mansel Davies, Scott Mansel Davies a Kaye Mansel Davies

Loris Mans

Gyrru lawr y lôn fel cythrel,
Pasio Jag, dau Ford ac Opel;
Yna rheg ddaw dros fy ngwefus –
'Blydi lori Mansel Defis!'

Ar y ffordd i'r Sowth of Ffrans,
Sownd tu ôl i lori Mans;
Penderfynu troi am Sbaen –
Lori Mans sydd o fy mlaen.

O Gaerfyrddin i Lansilin,
Lori Mans, a finne'n dilyn,
O Borthmadog i Borthcôl;
Oes gobaith pasio? Bygyr ôl!

Pan ddaw'r dydd caf fynd mewn hedd,
A'm ffrindiau oll ar lan y bedd;
Disgwyl, disgwyl wnânt mewn trans –
A'r hers tu ôl i lori Mans.

Daw Dydd y Farn â'i boen a'i fraw;
A ga'i groesi i'r ochor draw?
Ar bont Iorddonen fyddai'n stỳc
Tu ôl i rhyw Fanselaidd dryc.

gan Lyn Ebenezer

Cyhoeddwyd yn wreiddiol yn *Rhigymau Eben Farf*,
Lyn Ebenezer (Gwasg Carreg Gwalch, 2008)

Gerallt Phillips

Swydd **Gyrrwr lori, Mansel Davies a'i Fab, Llanfyrnach**
Cartref **Hermon, Sir Benfro** Rhif Bois y Loris 15
Oedran **56** Gyrrwr lori am **39 mlynedd**
Lori **Volvo FH** Pŵer **520 nc**

Wedi cwpla'r cyfweliad gyda Stephen Mansel Davies rwy'n cael y fraint o dynnu llun tair cenhedlaeth o deulu Mansel Davies o flaen lori Gerallt Phillips. Volvo FH yw hon, ond model mwy diweddar na'r hyn mae Jack Vaughan a Lyn Owens yn ei yrru ar hyn o bryd. FH13 yw rhif model swyddogol y lori yma – ond welwch chi ddim mo'r rhif yna ar y cab yn unman, dim ond y llythrennau FH. Mae'n amlwg fod rhywun yng nghwmni Volvo yn ofergoelus.

Ar ôl crwydro eto i'r iard waelod, wedi ffarwelio â Kaye, Stephen a Scott, rwy'n tynnu llun o'r sied y soniodd Jack Vaughan amdani, ble buodd e'n mynd fel crwt i brynu Red Label. Yna rwy'n troi at y tŷ mawr gwyn sy'n ganolfan daearyddol ac ysbrydol i gwmni Mansel Davies. *The House that Mansel Built.*

Rwy ar fin cwpla'r llun olaf pan mae dyn dierth yn dod ata i mewn car ac yn parcio wrth fy ochr.

"Chi yw Gerallt?"

"Ie."

A dyma sut rwy'n cyfarfod yr enwog 'Flying Pheasant'. Dyw Gerallt ddim yn siŵr iawn sut gafodd e'r *handle* yma, ond mae'n bosib ei fod e'n rhywbeth i wneud gyda bwrw ffesant ar y ffordd. Ac mae Gerallt yn cofio un *handle* arall o gyfnod euraid y CB i'w ychwanegu at y rhestr ges i gan Jack Vaughan. 'Moody Blue' oedd Alan Roberts, am ei fod e'n hoff o'r grŵp The Moody Blues.

Felly dyna ni – rhagor o luniau gyda Gerallt yn yr FH. Erbyn hyn, prin rwy'n gallu teimlo fy nhraed, er gwaethaf y ddau bâr o sanau trwchus. Wedi cwpla'r lluniau, rwy'n trefnu cyfarfod â Gerallt yn ei gartref yn Hermon, ar ôl i fi gael cwpwl o baneidiau o goffi twym a brecwast llawn yn y caffi yng Nghrymych.

Wedi cyrraedd Hermon, rwy'n cael paned dwym o de gan Ann, gwraig Gerallt, a chael eistedd yn ôl yn gyffyrddus ar gadair fawr ledr yng ngwres y lolfa i gloncan am loris. Daw Gerallt o deulu mawr o yrwyr loris ac mae'n llawn straeon am yr hen ddyddiau, nifer ohonyn nhw'n cynnwys y naill neu'r llall o'i ewythrod yn ardal Llanboidy.

"Ma *nineteen-fifties* lori 'dag e, a o'dd hi'n *under three tonne*. Achos 'ny, o'dd hawl 'da hi neud *thirty mile an hour*. Os o'dd hi *over three tonne*, o'dd hi'n *twenty mile*

Lori'n llawn cwningod ar glos
y Lamb Inn, Llanboidy, 1927.
Chwith i dde: Churchill y Lamb,
Jack y Gof, Will Bach Llanboidy

an hour. Hen Guy s'da fe – wedd cwmni loris 'da nhw t'el."

Yna mae'n dangos llun anhygoel o ddyddiau cynnar loris cefn gwlad. Yn gorchuddio'r lori mae llwyth go annisgwyl. Mae yna hefyd dri dyn yn y llun, ac mae dau o'r rheiny yn perthyn i Gerallt. Jack Thomas, neu Jack y Gof, yw tad-cu Gerallt, yn y got hir ddu. Will Bach Llanboidy yw'r llall, sef wncwl arall i Gerallt, ac mae gan Gerallt stori go dda a glywodd gan Will.

"O'dd e'n gweitho i Mans am flynydde. O'dd e'n weud wrtha i o'dd e'n dreifo lori fel'na nawr, ar trip ysgol Sul. *Open back* o'dd hi. Yn mynd o Llanboidy, o'dd pâr o *shoes brand new* 'dag e. A o'dd e'n mynd lan i Aberystwyth, a o'n nhw'n mynd 'biti saith o'r gloch yn bore. Awr yn Aberystwyth wedyn, a dreifo nôl i Llanboidy. A o'dd hwn yn cymryd trw' dydd. A wedd twll yn gwaelod ei *shoes* e erbyn bod e gatre, ar ôl gweitho'r *clutch*."

Gerallt Phillips yn ei Volvo FH. Mae hon wedi teithio 228,000 cilomedr yn y deunaw mis ers i Gerallt ei chael hi'n newydd

Caiff y sgwrs ei gohirio am dipyn tra bod Gerallt yn ffonio o gwmpas y teulu i gael manylion y lori gwningod a phryd y tynnwyd y llun. Pan mae ei wncwl yn ffonio 'nôl, mae'n dweud fod y manylion i gyd ar gefn y llun. Y flwyddyn oedd 1927, a hen Oldsmobile yw'r lori.

"Cyfarfes i ddim â Dad-cu erioed… Cwningod yw rheina i gyd. Yn clos y Lamb Inn yn Llanboidy ma hwnna wedyn. We nhw'n casglu cwningod a o'n nhw'n mynd bant yn y lori wedyn. Fi'n meddwl mai mynd â nhw i Abertawe o'n nhw, i nhw gael mynd ar y traen. Ma sawl cwningen fan'na nawr…

"Dreifo loris fuodd 'yn nhad yn neud am blynydde mowr. Cyril Phillips o'dd e. Ma 'di gladdu nawr. Dreifo *long distance* o'dd e'n neud weth. Fuodd e'n dreifo i OJ Williams yn Sanclêr, yn cario bwydydd anifeiliaid a brics a pethe fel'na. Wedd e'n cario lot o fwyd moch i Cwmblewog, le o'n nhw'n brido moch. Pan o'n nhw'n mynd bant ar ddydd Llun, o'n nhw'n hala wthnos i fynd i Llundain a nôl. Ni'n mynd lan a nôl nawr a ma'n hala diwrnod."

Rwy'n rhannu un o fy atgofion cyntaf gyda Gerallt, o Fai 1978.

Roeddwn mewn lori (neu fan fawr) gyda 'nhad, oedd yn gyrru, ac Wncwl Tal wrth i ni symud fel teulu o Donyrefail, ger Pontypridd, i Drefach Velindre ar ffin ogleddol Sir Gâr.

Ar wahân i gofio'r hewlydd yn lleihau a thawelu wrth i ni symud 'sha West', yr un atgof pendant sydd gennyf yw syllu ar gaffi yr ochr arall i'r ffordd. Roedd yna lwyth o loris wedi parcio yno a chriw o ddynion yn bwyta a chloncan. Dyma'r *lay-by* ar y chwith os y'ch chi ar y ffordd i Bont Abraham o Cross Hands. Midway Cafe yw enw'r lle, medde Gerallt, er dyw e ddim yn siŵr hanner ffordd i ble.

"Ma fe'n *midway* i rhywle no. Ma bois yn galw 'na o hyd. Sdim lot o caffis i ga'l ambiti'r lle nawr t'el. Wedd digon o lefydd i ga'l bwyd, ond sdim byd rhagor. Wedd lle rhwng Llandyfri a Brecon, wedd un ar y stryd yn Llandeilo, a o'dd Midway 'da ti fan'na."

Ydy'r canolfannau gwasanaethau yn croesawu gyrwyr loris heddiw?

"S'o nhw moyn gweld y loris. Yr unig peth ma nhw moyn yw arian am parco. Ma hwnnw'n ddrud – 'biti ugain punt ffor'na, neu mwy, i ga'l parco dros nos. Ma'n warthus. *Bed and breakfast* o'dd hi pan o'dd fy nhad yn dreifo t'el. Sai'n credu fod e 'di cysgu mewn lori erioed. O'dd *bed and breakfast* i ga'l pry'ny, ar gyfer y bois loris on'd dyfe? Ond ma'r loris modern, wel, ma gwelyau 'da nhw gyd t'el. Sai'n credu bod yr un galw i ga'l heddi, bydden i ddim yn meddwl."

Safodd Gerallt ei brawf gyrru yn 1971, yn un deg saith mlwydd oed. Bu'n gyrru gyntaf gyda chwmni J Thomas yn Hendy-gwyn ar Daf. Mae Wncwl Sami ac Wncwl Hywel yna o hyd. Dyw'r cwmni cludiant ddim yn bodoli rhagor, ond mae'r ddau dal wrthi yn gwerthu *cake* a chalch i ffermwyr lleol.

"Dechreuais i gyda'n wncwl, pan ddes i o'r ysgol, lawr yn Llanboidy. O'n i'n potsian yn y garej, sgwaru calch. Wedyn 'nes i'r *test*. Ges i Bedford TK i starto wedyn, a cario gwartheg o'n i fwya, symud nhw rownd ffermydd, o un ffarm i'r llall, neu'r mart yn Caerfyrddin.

"Symud *furniture* wedyn, a o'dd hwnnw'n waith caled. Ti'n cario hen biano, pethe fel'na. Ges i Bedford TK newy' wedi 'ny. TTH 997L o'dd *number* hi, a wedd

Williams Wrecsam *cattle box* arni, 'biti *eighteen foot* wedd hi i gyd. Bedford TK o'dd 'da'r ffermwyr i gyd, a'r bois yn cario glo. O'dd hwnnw dan *three tonne* wedyn, so o'n i'n ca'l dreifo honna. Wedyn, pan o'n i'n *twenty-one*, mynd lan i Abertawe am wsnoth o *training* i drial *test* ar yr *artic.*

"Bues i'n dreifo *four-wheeler* wedyn, am ddwy flynedd, wedyn bach o *artic* fan hyn a fan draw. Bennais i fan'na a fi 'di bod 'da Mansel wedi 'ny oddi ar *nineteen seventy-six.*"

Mae Gerallt wedi bod gyda Mansel ers degawdau maith, ac wedi gweld y gwaith yn newid dros y blynyddoedd.

"Ma pethe 'di newid lot 'na. 'Na gyd o'n ni'n neud o'dd cario cwdau *manure.* Wedyn es i off y *four-wheeler* a ges i *artic.* Ges i Volvo F86, gyda *tipping trailer.* Cario glo o'n i fwya, yn mynd bant â glo Cymraeg a dod nôl â glo o Lloegr, a cario bwydydd anifeiliaid, pethe fel'na.

"Ar ôl y *tipper* fues i ar y *fridge* wedyn am sbel, yn mynd â caws mas o Castell Newy' 'da D-SCO. Wedyn dechreuais i ar y tancyrs,

a 'na beth yw lot o' fe nawr 'da Mansel. Popeth fi 'di neud erioed 'dag e, ma cysylltiad 'da ffarmo. Peth mowr 'da Mansel slawer dydd o'dd tato Sir Benfro t'el. Ond s'o ni 'di neud tato ers blynydde nawr. Na, ar y llaeth 'yf fi nawr… O'n ni'n arfer mynd rownd y marts a'r marcedi, a wedyn bennodd y marcedi achos o'dd pobol y siopau mowr yn gwerthu popeth, so a'th y marcedi yn llai."

Yr FH yw chweched Volvo Gerallt yn ei amser gyda Mansel Davies, a Volvos oedd bron pob un o'r loris y bu'n eu gyrru.

"Ges i Volvo F86 i starto. O'dd honno 'biti blwydd oed pan ges i 'ddi. Wedyn ges i Seddon-Atki (Seddon-Atkinson), Volvo FL10 wedyn, gyda 320 (nc) a wedyn ges i'r FH cynta, a o'dd honno'n 380. Ges i'r ail FH wedyn, a wedyn FH arall, â 460, a nawr fi 'di cael yr FH a 520 iddi."

Roedd yna un lori arall cyn hynny, sef y Leyland Bison, ac roedd gan honno blanciau pren ar y llawr a matres i gysgu arni.

"O'dd ddim *heaters* na dim byd arni, dim *night heaters.* Ti'n sythu, a ti'n dihuno'n bore a ma'r *glass*

Guy Big J y brodyr Thomas yn Hendy-gwyn ar Daf. Mae Hywel a Sami wedi adnewyddu'r lori yma a'i phaentio yn hen liwiau cwmni J Thomas & Sons

'di rhewi tu fewn i gyd. Ma *night heaters* 'da ni nawr, yn rhedeg off batri a *fuel*. A 'na beth sy'n *handy*, gwed ti bo fi'n bennu heno a bo fi 'di gadael y cab ar yr iard, alla i ga'l e i ddechre twymo'r cab ar *timer* erbyn bo fi mewn yn bore."

Mae'r cab yn fwy modern na'r FH12 a chanddo ffôn *bluetooth* a bach mwy o le. Mae injan hon dipyn bach yn fwy na'r FH12 hefyd, ond y gwahaniaeth mawr yw does dim *clutch* ar lawr y cab yma. Mae deuddeg gêr i'r *gearbox* ond nid Gerallt sy'n newid y gêr ar hon – mae'r cab newydd yma'n un *automatic*, er y gall Gerallt addasu os oes angen mwy o afael, amser eira er enghraifft. Mae tua dwsin o loris fel hon gan Mansel Davies i gyd.

"Ma honna 'da fi nawr ers deunaw mis. Os ti'n rhoi e ar *manual* sdim *clutch* o hyd. Ti jyst yn gwasgu botwm a ti ddim yn neud dim byd. Gyda'r Volvos ma fe'n *spot on*.

"Pan o'n i'n dechre, *log book* oedd 'da ni, a tynnu lein, a wreito le ti'n bennu... Da'th y *tachograph* wedyn, a o'dd hwnnw'n bach mwy o dderyn. Nawr ma'r *digital tacho*, a ma carden 'da ni, a ma popeth

ar y garden. Sdim lot alli di neud nawr heb fod rhywun yn gwbod. Ma *satellite tracking* wedyn yn gwbod pob tro ti'n stopo a mynd dros ben clawdd.

"Ar y cyfandir fi'n hala rhan fwya o amser fi nawr t'el. Ers pedwar mis fi 'di bod yn mynd bob wsnoth. Wsnoth hyn ma 'da fi wicend off. Sai'n siŵr le fydda i'n mynd dy' Llun 'to, fydda i'n ca'l gwbod fory. A wedyn mas i Ffrainc dy' Mowrth, a wedyn dod nôl nos Wener. Fi'n mynd hanner ffordd lawr Ffrainc, i Poitiers. Maidd fydd e, rhyw fath o bowdwr *protein.* A fi'n dod nôl â rhyw laeth sbesial i Wall's Ice Cream yn Gloucester."

Mae gyrru ar y cyfandir yn brofiad gwahanol i yrru ar lonydd cefn gwlad Cymru, ac mae Gerallt yn mwynhau'r sylw mae'n ei gael wrth deithio trwy Gymru.

"Cefn gwlad Cymru, ma pawb yn paso'n agos at y loris, o fan hyn i Sir Fôn, ond ar y *motorway* ma gymaint o loris o dramor 'na, ma nhw'n sylwi llai. Sai 'di gweld dim byd erioed fel lawr sha Antwerp ffor'na – dim ond loris sy ar yr hewl ffor'na. Fi'n dreifo nawr o Rotterdam, draw i Calais, a ma hi'n fishi ofnadw. Ond ti'n mynd

ar hewlydd cefn gwlad, i'r pentrefi, a ti 'biti bod yn nabod pob dreifyr sy'n paso. Bois y Gogledd, bois y De – fi'n nabod nhw i gyd."

Oes yna'r un cyfeillgarwch y dyddiau hyn ymysg y gyrwyr, trwy Glwb Bois y Loris efallai?

"Ma pethe 'di altro. Wedd digon o amser 'da ni pry'ny t'el. Ti'mod, pan o'n ni ar y *log book*, 'lli di hala dwy, tair awr yn caffi, a'r bois i gyd yn siarad 'da'i gilydd. A falle bydde *flat wheel* 'da rhywun... Wel, o'dd 'biti deg o'n ni'n newid y *wheel* t'el. 'Biti bod o'dd ddim isie *jack*, o'dd digon o' ni 'na i godi 'ddi. Fel 'na wedd hi pry'ny. Ond nawr sdim amser 'da neb i helpu neb, ma rhaid mynd... Ma'r loris 'di altro, i fod yn well *big time*... ond ar ran y *social part*, ma fe lot yn waeth on'd dyfe? Sdim amser 'da neb."

A sut y bydd Gerallt yn diddori ei hun wrth yrru o wlad i wlad?

"Ie, wel, ma'i 'di mynd, diwrnode 'ma, fi ar y ffôn trw'r dydd. Ar y lori ma s'da fi nawr ma *bluetooth radio* i gael yn lori. Ti'n ateb y ffôn ar y *steering wheel*. Y *contracts* y'n ni'n ca'l nawr ar y ffôn... Fi'n credu fod wyth *magic number* 'da fi. Fi 'llu siarad 'da wyth o'r bois, alla i siarad 'da nhw trw'r dydd os fi moyn. Rhoia i *ring* bach i Tonto, wedyn parco lan a ambell i decst bach i rhywun… A canu Cymraeg – *country and western* Cymraeg… A sdim isie CDs rhagor, achos ma iPod i ga'l ar y lori. A ma teli yn y lori, t'el, erbyn nos. Ma rhai bois â Sky *dish* ar y lori… Ma popeth ar ga'l i loris dyddie 'ma."

Yn ei amser hamdden mi fydd Gerallt yn mwynhau gwylio chwaraeon a threulio amser gyda'i deulu.

"Fi'n dilyn Crymych yn rygbi. Fues i'n 'hware rygbi nes bo fi'n dechre ar y job 'ma. O'dd ddim clwb 'da Crymych pry'ny, so Narberth o'n i'n 'hware i. Bachwr o'n i. Ers *twenty-five years* ma clwb 'da Crymych, achos ma nhw'n dathlu *twenty-five years* 'leni. Ie, rygbi yw hi, a ma un wyres 'da ni, Ffion, a ma hi'n neud lot o'r eisteddfode – ma hi'n neud yn eitha da fan'ny."

Mae dau o blant Gerallt ac Ann wedi gadael y nyth a bellach mae pedwar o wyrion yn rhan o'r teulu.

"Wedd y wraig yn gweitho'n *office* Mans am flynydde. O'dd hi'n gweitho i Mansel cyn bo fi'n dechre t'el. O'dd hi ar y *switchboard*. Wedd hi'n gweitho 'da Mansel, a wen i'n gweitho 'da'n wncwl i pry'ny. Wedyn briodon ni, gaethon ni blant, a bennodd hi 'na, a dechreuais i 'da Mans wedyn.

"Digwydd bod, merch fy mrawd yng nghyfraith sy'n neud y job *switchboard* nawr, y jobyn wedd Ann yn neud. Yn yr ardal hyn, ma'r cwmni wedi rhoi gwaith i lot o bobol dros y blynydde. Ma nhw 'di talu sawl *mortgage*."

Ac nid gweithwyr Mansel Davies yn unig sy'n cael gwaith o achos y cwmni.

"Ma bachan ar y gornel fan hyn yn paentio ambell lori i nhw. Ma'r mab yng nghyfraith yn gwerthu teiars i' nhw – dim i'r loris, ond i ceir y bois a'r *forklifts*. A sdim byd lot arall rownd 'ma ar hyn o bryd."

Dyw Gerallt ddim yn gweld rhyw newid mawr yn ei fyd yn y blynyddoedd sydd ganddo ar ôl cyn ymddeol.

"'Na gyd wy 'di 'marfer â. Fi'n bump deg chwech nawr, a sai'n gweld fi'n altro lot mwy nawr am naw mlynedd. Dwi 'di bod yn gweitho 'da nhw *thirty-five years* – dim un problem. Dwi 'di dod 'mlan yn iawn 'ma – fi'n cofio Stephen pan o'dd e yn y coleg. Ar ddiwedd y dydd, t'el, sai 'di bod dim un wthnos heb *pay packet* mewn *thirty-five years*, a ma hwnnw'n lot o beth, t'el. Sdim dal beth ti'n gweld. Ti'n gweld ambell *accident* cas, ond ti'n gweld lot arall 'fyd.

"'Na'r unig beth fi'n gweld sy'n annheg yw gorfod cystadlu â'r *foreigners*. Ma diesel ar y cyfandir yn rhatach na petrol – a'r diesel sy'n rhedeg y wlad. Ma nhw'n ca'l eu *fuel* yn rhatach, a ti'n mynd i *services* 'ma a talu *twenty-five* pownd am parco. Ond Ffrainc, Holland, Belgium – s'o ti'n talu dim byd! Ond wedyn fi'n dreifo deg awr yn Ffrainc a talu *two hundred euros* o *road tax*. Dim ond diwrnod yw hwnna! Wedyn ma nhw gyd yn dod mewn i'r wlad 'ma a s'o nhw'n talu ceiniog.

"Ni'n mynd mas i Belgium – ni'n talu *tax* yn Harwich. Ma pob lori sy'n mynd mewn i Belgium yn gorfod talu *six pounds ninety*. Nawr, ma 'biti pum mil o loris yn dod mewn i Dover pob dydd – 'sen nhw'n talu pumpunt yr un i ddod i'r wlad 'ma, meddylia di'r arian bydde'r llywodraeth yn ca'l. A ma tri *port* yng Nghymru – Fishguard,

Un o'r hen loriau ar safle J Thomas & Sons
yn Hendy-gwyn ar Daf. Leyland Reiver yw hon

Pembroke a Holyhead. 'Se pob lori sy'n dod mewn yn talu pumpunt, bydde hwnna'n lot o arian i drwsio hewlydd."

Ond nid gyrwyr estron yn unig sy'n cael min tafod Gerallt. Dyw e ddim yn deall pobl yng Nghymru sy'n cwyno am lorïau ar y ffordd.

"Y peth gwaetha wedyn yw pobol sy moyn y loris off yr hewl. Ti'n cofio'r *fuel strike*? Wel 'se hwnna 'di cadw fynd am dou ddiwrnod, bydde'r wlad 'ma ar stop. Gwed ti nawr bo ni ar y ffor' i *North Wales*, a ma pobol yn crintachu bo ni yn y ffordd ar yr hewl 'na. Fi 'di weud ar Radio Cymru sawl gwaith, nhw bydde'r cynta i achwyn os bydde nhw ddim yn ca'l llaeth i'r *cornflakes* yn y bore."

Wedi cwpla cloncan ry'n ni'n mynd i'r ardd i dynnu cwpwl o luniau o Gerallt gyda'i fodelau Mansel Davies, ac rwy'n dweud y byddaf yn ei ffonio eto er mwyn trefnu gweld hen lorïau Wncwl Sami ac Wncwl Hywel. Yna mae'n amser i fi fynd ar bererindod olaf fy nheithiau Manselaidd.

Claddwyd Mansel Davies yn Eglwys Llanfyrnach. Dyna ddywedodd Stephen wrtha i. Ac wedi gadael cynhesrwydd tŷ Gerallt yn Hermon, mae rhywbeth yn fy nenu i at y lle anghysbell yma, i chwilio am fedd yr arloeswr a roddodd ei enw i'r cwmni adnabyddus.

Rwy'n gadael ar hast, mewn ras yn erbyn y machlud a'r oerfel a'r gwynt. Mae'n oerach fyth erbyn i fi gyrraedd yr eglwys, hen adeilad Gothig yr olwg. Mae'r coed yn plygu o'i chwmpas ac mae'r ysgrifen ar nifer o'r hen feddau yn annarllenadwy. Rwy'n troedio'n ofalus, yn damsgen ar bridd gwyn rhewllyd sydd heb weld golau'r haul trwy'r dydd.

Tu ôl i'r eglwys mae yna fryn serth sy'n syrthio wedyn i'r coed. Ac ar draws y cwm bychan yma, drwy'r coed, yn cuddio, fe welwch chi *depot* Llanfyrnach Mansel Davies. Ond does dim arwydd o fedd Mansel Davies hyd y gwela i.

I dwymo cyn gadael Crymych a'r oerfel gaeafol a'r cymeriadau lliwgar, gwresog, rwy'n galw eto yng nghaffi Bagets Bethan, dros y ffordd i'r Crymych Arms. Ac mae'r perchennog, dyn clên a chroesawgar, yn fy nghyflwyno i un arall o Fois y Loris sy'n digwydd bod yma gyda'i wraig a'u mab a'u merch.

Gan wraig Alan Bach rwy'n clywed yr hanes. Mae'r garreg fedd wedi mynd am nawr i gael ei thrwsio, i "gael hi'n iawn". Rwy yna'n cloncan gyda nhw am sbel, yn trafod Clwb Bois y Loris a Mansel Davies a'r ffaith taw Aled, mab Alan, yw'r crwt roeddwn i wedi ei weld yn gyrru lorïau o gwmpas y clos y bore hwnnw. Un deg chwech mlwydd oed yw Aled ac mae'n gweithio'n rhan-amser i Mansel Davies.

Rwy'n gwenu cryn dipyn ar y ffordd adre, wrth grwydro ymysg y defaid a'r caeau a'r rhostir yng nghysgod y Preselau. Rwy'n meddwl am y ffilm *Charlie and the Chocolate Factory* a hefyd *The Wizard of Oz.* Lle rhyfeddol yw Llanfyrnach.

Emyr Wyau (Richards)

Swydd Gyrrwr lori a mecanic, Lampeter Eggs, Cwmann
Cartref Llanwrda, Sir Gâr Rhif Bois y Loris 53
Oedran 35 Gyrrwr lori am **14 mlynedd**
Lori **Volvo FH12** Pŵer 380 nc

Rwy'n dilyn yr hewl o Lanbed i Lanwrda, yn rhyfeddu at brydferthwch coed diwedd hydref ac yn chwilio am Emyr Wyau a'i lori. Bydd y lori'n hawdd i'w gweld o'r ffordd yn ôl y cyfarwyddiadau y mae wedi eu rhoi i fi.

Ac yn wir, ar gornel o'r hewl rhwng Pumsaint a Llanwrda, rwy'n ei gweld hi, lori Lampeter Eggs, yn disgleirio'n ddeniadol ar glos y cartref teuluol. Mae'r coed a'r gweithdy yn y cefndir fel set ar lwyfan, a'r haul yn goleuo'r lori yn arbennig ar gyfer tynnu lluniau.

Ac nid lori arferol mo hon. Mae Emyr wedi ennill gwobrau gyda'r rig yma. Yn ogystal â gyrru lori i'r cwmni am y saith mlynedd diwethaf, fe sydd hefyd yn gyfrifol am gynnal a thrwsio loris Lampeter

Eggs, gan gynnwys ei rig Volvo FH12 ei hun. Ac fel y gwelwch chi, mae honno'n sgleinio!

Cipiodd Emyr wobr *Best in All Wales* yn Sioe Loris Caerfyrddin yn y categori 'lori a threilyr', a daeth yn ail hefyd yng nghategori'r 'Volvo orau'. Ac mae 'na lot o loris Volvo yng Nghymru!

Mae pob teiar yn costio £250, a gyda chwech ar y lori ei hun a chwech ar y treilyr, rwy'n gweithio mas yn weddol sydyn fod teiars Emyr werth mwy na 'nghar i! *Super-singles* yw'r teiars 'ma hefyd, sef teiars llydan iawn sy'n gwneud gwaith dau deiar arferol. Ond mae Emyr yn esbonio ei fod e'n gallu codi un echel os yw'r treilyr yn "rhedeg yn wag", sy'n arbed ychydig ar y teiars. Ac mae hynny'n beth da o ystyried fod y

lori yma'n ddeng mlwydd oed ac wedi teithio 1,170,000 cilomedr hyd yn hyn.

"Ma rhai 'da Mansel Davies sy 'di neud dwy filiwn cilomedr... Os yw'r lori'n iawn, ti'n newid yr injan a ti'n mynd 'to... fel 'na ma hi'n mynd."

Bob chwech wythnos bydd Emyr yn bwrw golwg manwl dros bob lori yn Lampeter Eggs, "ac os nag yw e'n reit, ma fe'n rong. Diwedd y dydd, ti'n cario pwysau, a ma gofyn bo nhw'n reit i fod ar yr hewl."

Yn ei albwm lluniau o'r loris y bu'n eu gyrru mae yna ddau lun o bob lori. Mae'r cyntaf yn dangos y lori yn cyrraedd Emyr a'r ail yn dangos y lori ar ôl i Emyr gael amser i "gael hi'n iawn".

Bu Emyr yn gweithio gyda Mansel Davies am ychydig, yn

teithio cryn dipyn ac yn mwynhau'r gwaith. Ond pan anwyd Alun, y mab hynaf, penderfynodd chwilio am waith yn fwy lleol. Yn y cyfnod yma bu'n hiraethu am yr hewl agored. Felly, ers saith mlynedd bellach mae Emyr wedi bod yn symud llwythi go fregus, sef llond lori o wyau. Oergell yw'r treilyr ac mae'n gallu cludo 26 palet o wyau.

Mae Emyr o bawb yn gwybod fod angen gofal gyda llwyth o wyau tu cefn.

"Dyw e ddim yn job le ti'n rhoi'r brêcs 'mlan yn sydyn… Ma rhaid i chi feddwl 'mlan…"

Neu fydd 'na le rhyfedda yn y treilyr?

"Wel, fydd 'na omlet mowr 'da ti no…"

'Egg 3' yw enw'r treilyr ar gefn y lori. Beth yw hanes 'Egg 1' ac 'Egg 2'?

"Wel ma 'Egg 1' yn Rwsia, ni 'di gwerthu honna 'mlan fan'na. Ac ma 'Egg 2' ar yr iard jyst nawr, 'di cael *smash*."

Bu lori wyau Emyr yn mynd am dro yn aml i Swydd Efrog neu Lincoln, ac i Lundain bob dydd Mercher, ond erbyn hyn mae pethau wedi tawelu ychydig ac mae Emyr yn treulio mwy o'i amser yn cynnal y loris yng Nghwmann ger Llanbedr Pont Steffan.

"Ma lot o wyau ambiti'r lle dyddie 'ma. Ma shwt gymaint o bobol yn mynd mewn i fe nawr, ni nôl yn gweithio bedwar dydd yr wythnos. So, dydd Gwener wedyn, fi 'di cael jobyn bach arall yn dreifo *low-loader*."

Pan mae Emyr wedi cwpla gyrru a thrwsio loris i Lampeter Eggs, mae'n dod adref i weithio ar hen lori fach hyfryd sy'n arbennig iawn iddo fe. Lori Alun Richards yw'r hen Commer Commando â'r cab llwydaidd *gun metal* bendigedig, lori ddigon prin o'r cyfnod cyn i Dodge brynu cwmni Commer.

"Y lori hyn fan hyn, dim ond un bachan sy 'di dreifo hi – a'n diweddar dad o'dd hwnnw de. Albion Concrete yn Llangadog brynodd hi gynta, yn newydd, yn 1975… Ionawr 1975. Ac amser bennon nhw â'r lori wedyn, prynodd Father y lori, a ma hi 'di bod yn y teulu ers 'ny. Dim ond 'ma ma hi 'di bod.

Emyr Wyau (Richards) Bois y Loris

"Collais i Father deuddeg mlynedd nôl… ac oedd rhaid cadw'r lori wedyn de… Mynd i *shows* 'da hi licsen i neud yn y diwedd de.

"Fi 'di bildo *body* newydd i roi arni 'ddi, fel copi o beth sy 'na nawr. Bydde fe'n jepach i fynd mas i brynu *body* ail-law, fi'n credu, ond achos bo fi moyn e yn *original* 'nes i feddwl neud un wedyn, fel bod e'r un peth â beth sy 'di bod 'na. Bydd e'n edrych gwmws 'run peth. Bydd e'n edrych yn neis wedyn. Amser sy isie."

Fel rhywun sydd wedi cael ei fagu gyda loris yn ei fywyd, mae Emyr wrth ei fodd gyda Chlwb Bois y Loris.

"Ma pob un ar yr un *wavelength*, pob un yn lico'r un *interests*, a pan ma pawb yn siarad Cymraeg wedyn ma'n hawsach, on'd yw e? Ni'n parco lan yn y nos wedyn, a cwpwl o fois 'di parco 'run man, a ni mas wedyn i gael bwyd 'da'n gilydd. A ti 'na o hyd ambell waith, am ddeuddeg o'r gloch, a ni heb mynd i'r gwely. Ni'n cloncan, t'el, yn sythu, ond 'na le y'n ni o hyd yn cloncan.

Emyr a threilyr Egg 3

Emyr a'i feibion, Alun a Dylan,
yn Commer Commando Alun Richards.
Alun oedd enw tad Emyr Wyau hefyd

"Mae fel teulu mowr de, ti'n gwbod? 'Na beth oedd yn gwd pan fuodd y cinio ac oedd bois o *North Wales* yn dod lawr. Ti'n clywed nhw ar y radio ond s'o ti'n cwrdd â nhw. Ond yn y cinio ti'n cael cwrdd â bois ti byth yn cwrdd."

Wyt ti weithiau'n cael llun ohonyn nhw yn dy feddwl, ond bo nhw'n edrych yn wahanol pan y'ch chi'n cwrdd?

"Odi, odi, ti'n gweld lot o 'na. Ma fel os ti'n ffono lan a siarad 'da rhyw fenyw ar y ffôn, a meddwl 'Ma honna'n swnio'n smart.' A wedyn ti'n gweld hi, a 'na beth yw *disappointment…*"

A beth am y radio CB?

"Ma'n eitha tawel, ddim fel oedd e, ond ma'n eitha *handy* o hyd. Gwed ti bo chi'n rhedeg 'da'ch gily', neu gwed ti fod rhywbeth 'di digwydd ar yr hewl, ma nhw'n gallu gweud 'thot ti. O'n i ar y CB ddoe, t'el, ac o'dd *low-loader* ar yr hewl â llwyth llydan, ac o'n i'n siarad 'da'r bois ar CB, yn gwbod bod e ambiti'r lle, so ti'n gwbod os oes isie tynnu mewn neu peidio mynd ar hewlydd bach."

Fel nifer o'r bois eraill, dyw Emyr ddim yn un i ddibynnu ar declyn SatNav. Mae Alun y mab yn teithio gydag Emyr yn y lori yn rheolaidd, yn enwedig adeg gwyliau, ac mae'r ddau'n gytûn nad oes angen hwn yn y cab gyda nhw.

"Sai'n lico fe. Ni 'di trio e 'da'r lori o'r blaen on'd do, Alun?"

"Do."

"Ond oedd e'n weud wrthon ni i fynd i lefydd twp. O'en i'n dreifo lori'r boi arall 'ma, a na, sai 'di meddwl cael un ers 'ny… "

A beth am ddiddordebau tu hwnt i fyd y loris?

"Wel, loris yw popeth 'da fi. Ac amser 'da teulu de. 'Na beth fi'n lico am y job 'ma yw mynd ag Alun 'da fi ar y lori. Amser gwyliau ma fe'n dod 'da fi, a ni'n aros mas yn y lori."

Ydy, mae hwn yn deulu sy'n ymfalchïo yn niwylliant y loris. Alun Saron, un o yrwyr Mansel, yw tad yng nghyfraith Emyr ac, wrth gwrs, roedd ei dad ei hun yn yrrwr lori.

"O'n i moyn mynd i ddreifo oddi ar o'n i'n gallu cerdded, fi'n credu, ac yn gweld Father yn neud 'run peth de… O'n i'n ddau ddeg un ar y pumed o Ragfyr, a 'nes i baso'r *test* ar ddydd Gwener, Rhagfyr y trydydd ar ddeg."

Trwy gydol y sgwrs mae Alun yn ychwanegu ambell atgof ei hun o'i fywyd hir ar y loris. Wyth mlwydd oed yw Alun, ond mae'n amlwg ei fod e'n dwlu ar ffordd o fyw Bois y Loris yn barod.

Wyt ti'n mynd i fod yn un o Fois y Loris pan fyddi di'n tyfu lan, Alun?

"Ydw," medde fe, gyda gwên fawr ar ei wyneb.

Dylan yn awchu i
gychwyn ar ei yrfa
foduro

Alun Richards wrth y llyw...

SUZUKI

☎
01558 650462
ALUN RICHARDS
& SON.
HI-LINE
LLANWRDA,
CARMS.

Dorian Llety Shon (Davies)

Swydd Gyrrwr lori, Potters Waste Management, Y Trallwng
Cartref Ystrad Aeron, Ceredigion Rhif Bois y Loris **196**
Oedran **38** Gyrrwr lori am **7 mlynedd**
Lori **DAF XF95-430** Pŵer **500 nc** (*chipped*)

Os gwelwch chi lori Potters Waste Management ar y ffordd yn y Canolbarth neu'r Gorllewin, mae'n bosib iawn taw Dorian Davies fydd wrth y llyw. Mae'n treulio cryn dipyn o'i amser yn symud gwastraff o gwmpas yr ardal yma. Er ei fod e'n byw ger Felinfach yng Ngheredigion, yn y Trallwng mae ei gyflogwr, Potters Waste Management. 'Martha' yw enw ei lori, fel y gwelwch chi ar yr arwydd yn y cab.

"O'n i mas rhyw nos Sadwrn yn cael siandi fach, yn weindo ambell fenyw lan, a sai'n gwbod le ma fe'n dod o, ond fi sy 'di dechre galw bob menyw yn Martha, ac oedd hwnnw'n stico. Ma ambell un yn galw fi'n Llety Shon, achos le o'n i'n byw o'r blaen, ond ma lot yn galw fi'n Martha, so fi sy 'di hwpo fe wedyn ar y lori.

"Fi'n mynd o Lanbed, lan trw' Tregaron, Pontrhydfendigaid, Devil's Bridge, a mas wedyn i Dyffryn Castell, lan i Langurig, Llanidloes, lan trw' Drenewydd i Trallwng, a draw trw' Builth wedyn, Llyswen, Aberhonddu.

"Fi'n cario sbwriel mas o LAS yn Llanbed, fi'n neud dou lwyth mas o fyn'ny. Wedyn y trydydd llwyth fi'n mynd lan i Drallwng, a nôl lawr i'r tip yn Llanidloes, neu falle mynd draw i Aberhonddu, a wedyn mynd â'r *recycling* nôl i Llanbed. Fi'n neud 'na tair gwaith yr wythnos – dydd Mercher, dydd Iau a dydd Gwener. Ma'n ddiwrnod bach eitha llawn pob dydd de!"

Anaml y bydd Dorian yn gyrru ar draffordd. Mae'n treulio lot o'i amser ar yr hewlydd bychain.

"Yr hewl o Lanbed i Dyffryn Castell, sdim byd *exciting* iawn ambiti 'ddi, ond ma'n safio bach o amser na mynd lan i Aberaeron a trw' Aberystwyth a'r traffig sy ffor'ny."

Mae Dorian yn gweithio i Potters ers pedair blynedd bellach, a chyn hynny roedd e'n symud carafanau *static* o gwmpas Cymru a Lloegr am dair blynedd.

"Oedd hwnnw dros Gymru a Lloegr i gyd. O'n nhw'n prynu

Dorian gyda lori DAF XF95-430 Potters Waste Management.
Pŵer arferol y lori o'r ffatri yw 430 nc, ond cafodd hon nerth
ychwanegol gan *chip* cyfrifiadur

carafanau ail-law, wedyn gwerthu nhw dros y dŵr. O'n i'n mynd mewn â nhw wedyn i'r dociau, yn Dartford, Ramsgate, Southampton, Ipswich, Hull, Blackpool. O'n nhw'n mynd dros y lle i gyd.

"O'n i 'di moyn dreifo loris ers blynyddoedd. O'n i'n gweithio yn y ffatri gaws yn Felinfach. Fi o'dd ar y *forklift* yn cael stwff yn barod i fynd mas yn y loris. O'n i moyn mynd mas. Bachan tu fas fi 'di bod erioed, ar ôl byw ar ffarm, a wastad wedi gweithio tu fas. Dreifo lori o'n i moyn neud, so es i amdani wedyn."

Pan oedd yn symud carafanau, roedd Dorian yn mwynhau'r teithio, ond nid cymaint y pedair blynedd o rannu'i gab gyda gyrrwr arall.

"O'dd ddim byd yn bod ar y jobyn, ond o'dd gorfod fod dou yn y cab, achos lled y garafán. O'dd hwnnw bach yn galed ambell waith, bod gyda'r un person trw'r wthnos. O'ch chi off wedyn amser cinio dydd Sul, a ddim yn dod gartre tan fod hi'n nos Wener."

Ond erbyn hyn mae Dorian yn hapus ei fod e'n gweithio ar ei ben ei hun a hefyd yn gweithio oriau sy'n gweddu'n well i fywyd cymdeithasol.

63

"Ar y jobyn s'da fi nawr, fi'n dechre am hanner awr wedi pump y bore a fi'n gwbod bo fi'n bennu am hanner 'di pump y nos. Chi'n gallu trefnu rhywbeth wedyn, on'd dyfe?"

Mae Dorian wrth ei fodd gyda Chlwb Bois y Loris.

"Fi'n gweld bod e'n gwd – lot o wahanol fois yn ffono mewn i weud le ma nhw. Nos Iou dwetha nawr, ges i noson mas yn Trallwng, dim ond achos fod dim sbwriel yn Llanbed yn barod i fi godi nos Iou erbyn bore dy' Gwener. Ma bois wedi 'ny'n gallu ffono mewn i weud bo nhw'n mynd i fod yn Trallwng a chi'n gallu trefnu cwrdd lan â rhywun i gael swper neu siandi fach ar ôl bennu."

Bydd Dorian yn dal i gael tipyn o ddefnydd o'i radio CB, ac nid yn unig ar gyfer trefnu cwrdd â gyrwyr eraill.

"Ma lot o fois y loris dal wrthi 'da'r CBs, fel y bois sy'n mynd mewn i'r coedwigoedd 'ma. Falle fod dwy lori'n mynd un ffordd, a dwy'n dod i gwrdd â nhw, a bod ddim lle i gael i baso.

"Fi'n mynd yn bore nawr mas o Llanbed, falle fod tair neu bedair lori yn mynd tu flaen i fi. Brynley, Teifi Timber – ma hwnna'n un. A bois Danny Williams – falle fod pedwar neu bump o rheiny ar yr hewl. Ni'n siarad wedyn, a ma nhw'n weud le ma nhw a ma nhw'n tynnu mewn, neu fi'n tynnu mewn. Fi'n gweld fod e'n eidîal i'r jobyn ar yr hewlydd sy gyda ni rownd ffor' hyn."

Ebrill 2011 fydd dechrau pumed tymor Dorian yn rasio ar borfa yn ei Fini. Bu hwn trwy sawl teiar bellach ac ambell ddamwain wael, fel yn Stratford yn 2009. Dros y gaeaf mae'n paratoi'r car yn ei weithdy. Dosbarth 4 yw categori Dorian, allan o ddeg categori posib, sef dosbarth sy'n cynnwys ceir sy'n cael eu gyrru gan olwynion blaen hyd at 1132 cc.

"Fi'n gwbod fod tair *meeting* 'da ni mis Ebrill. Ma rhain i gael pwyntiau wedyn, achos ma pawb moyn mynd trwy i'r *Nationals*… Wedyn ewn ni draw i Loegr, i Sgotland. Ma cae yn Sanclêr a un yn Sir Benfro. Wedyn falle Gloucester, Radford… fues i lan yn Scunthorpe… Ashford yn Kent… Ambell waith fydd wyth cant o geir 'na i gyd. Ma dros tri deg yn dosbarth fi, a llynedd des i ben â bennu'n nawfed, so o'n i'n eitha hapus.

"Fi 'di bod yn neud bach o ralïo. Oedd Sierra 2.9 4x4 'da fi am rhyw dwy, tair blynedd. Gwerthais i hwnna a o'n i'n gweld y dosbarth *sport* lot yn rhatach na ralïo. Rhyw ddegpunt ma'n costi i gael tair neu bedair ras dros y dydd, a petrol i rasio a bach o diesel i rhoi yn y Transit."

Ar wahân i yrru lori, ei gar ei hun, fan Transit a rasio'r Mini, mae gan Dorian un diddordeb mawr arall, sef dilyn rygbi – a'r Sgarlets yn enwedig. Mae e hefyd yn mwynhau mynd i gemau rhyngwladol Cymru yn Stadiwm y Mileniwm. Bydd yn helpu ar rai o'r ffermydd lleol pan mae angen, gan fod nifer o'i ffrindiau yn ffermwyr. Rhwng y gwaith a'i ddiddordebau, mae e'n ddyn prysur ac yn eithaf bodlon ei fyd.

"Galla i byth â weud fod e'n jobyn glân. Ond un peth sy'n dda, s'o ni'n mynd arno'r tip o gwbwl. Ni'n tipo 'mlan i concrit, a ma dwy dractor wedyn yn symud y sbwriel 'mlan i tractor a treilyr i fynd i'r tip."

Y Mini cyn ei baentio, ym mis Tachwedd…

Un gŵyn sydd ganddo am ei waith, sef y coed sy'n estyn allan i'r ffordd i fygwth ei dreilyr. Mae'n broblem fawr i yrwyr loris ar rai o lonydd gwledig Cymru. Gallai hefyd fod yn beryglus i yrwyr eraill petai cangen fawr yn cael ei thorri ac yn syrthio ar gar neu i'r heol.

"Ambell hewl ma fe'n *disgusting* i weud y gwir. Fi 'di bod yn cwyno nawr, i boi'r Cyngor, ac oedd e gyda fi yn y cab. Aeth e 'da fi o Llanbed i Devil's Bridge ac oedd e'n warthus. Ni newydd cael treilyr newydd, dros *forty thousand* pownd, a ma coed yn mynd i fwrw fe. Sai'n hapus o gwbwl am hwnna, a ma lot arall 'di bod yn cwyno 'fyd."

… a'r Mini wedi ei baentio ym mis Chwefror

Gareth Werna (Jones)

Swydd **Gyrrwr lori, W G Jones, Tregaron – hunangyflogedig**
Cartref **Tregaron, Ceredigion** Rhif Bois y Loris **10**
Oedran **64** Gyrrwr lori am **44 mlynedd**
Lori **DAF 65-CF** Pŵer **220 nc**

Magwyd Gareth Werna ar fferm rhyw bum can llath o'r byngalo ble mae e'n byw nawr. Werna yw enw'r fferm honno a saif ar gyrion Tregaron, heb fod yn rhy bell o westy'r Talbot ar y sgwâr, ble claddwyd eliffant yn ôl y sôn. Dyma ble treuliodd Gareth ei blentyndod gyda'i rieni, William John a Bessie Jones.

"Oedd Dad yn dreifo'r bysys lan o Aberaeron a Penuwch. Am flynyddoedd. Claddais i 'nhad yn saith oed cofiwch."

Dyw e ddim yn cofio rhyw lawer am ei dad. Un o chwech o blant yw Gareth, ac wedi marwolaeth eu tad yn 1955 fe'u magwyd i gyd gan Bessie, gyda'r plant yn helpu i redeg y fferm. Mae'n cofio dechrau gweithio yn Co-op Blaenpennal yng nghanol trwch mawr eira 1963.

Priododd Gareth, ac roedd e a'i wraig yn byw gyda'i fam ar fferm Werna tan 1989, pan fu farw Bessie Jones. Flwyddyn yn ddiweddarach, roedd e a'i wraig wedi gwahanu.

Yn dilyn yr ysgariad, symudodd Gareth o'r cartref teuluol a gwerthwyd y tŷ fferm. Ond fe ddaliodd ei afael ar y clos, fel gweithdy i'r loris, a hefyd ar ychydig o'r tir er mwyn cadw defaid tac. Adeiladwyd y byngalo yn 1994. Mae'n aelod o gapel Bwlchgwynt yn Nhregaron ac yn treulio'r rhan fwyaf o'i amser gwaith a hamdden yng nghefn gwlad Ceredigion.

Mae ganddo ddau o blant o'r briodas. Mae Ceri, ei ferch, yn byw yn Llangeitho ac yn gweithio i Lywodraeth y Cynulliad yn Aberystwyth. Yn Nhregaron mae Eifion yn byw, ac mae'n gweithio yn swyddfa cware Ystrad Meurig.

Yn barod i fynd ar y clos mae dwy lori DAF Gareth. Mae un treilyr ar gyfer llwythi sydd angen eu gwagio ar ddiwedd taith, a'r llall ar gyfer llwythi mwy sefydlog fel bwydydd anifeiliaid.

"Ma nhw 'da fi ers blynydde. O'dd 'da fi mwy, ond gwerthais i rai o' nhw. Ma'r un las, ma honna 'da fi ers pum mlynedd, chwe mlynedd. Mae'n cario cwrtaith, bwydydd anifeiliaid, pethe fel'na.

"Wedyn ma'r *tipper* 'da fi, a ma hi 'ma ers tair blynedd. Ma sawl DAF 'di bod 'da fi, lot o' nhw. Ma nhw'n hawdd i drwsio a cael *parts*. Fi'n ffono lle yn Aberystwyth

Gareth gyda'i lori DAF 65-CF. Bydd hon yn cludo gwrtaith a bwydydd anifeiliaid a nwyddau sefydlog eraill. Mae ganddo lori *tipper* DAF hefyd a ma'r *parts* 'na erbyn tri o'r gloch. Wedyn dim ond mynd i Aberystwyth sy isie i moyn nhw."

I un sydd mor driw i'w filltir sgwâr, mae Gareth yn ffodus ei fod wedi gallu treulio'i fywyd yn gweithio'n lleol.

"Fues i am unarddeg mlynedd yn Co-op Blaenpennal, yn Tregaron, 'da ffermydd lleol. Dyddie 'ma fi'n mynd lan i Groesoswallt i nôl calch a wedyn 'ny'n mynd i'r ffermydd fan hyn a sgwario'r calch. Neu lawr i Port Talbot i nôl *slag* o fan'na."

Calch yw'r mwyafrif o'i lwythi a hynny ers yr wythdegau. Bu calch yn adnodd pwysig yn y Gorllewin ers canrifoedd bellach. Slawer dydd roedd tipyn o galch Ceredigion yn cael ei gludo dros y môr i bentrefi arfordirol fel Llangrannog neu Gwmtudu. Yna daeth y rheilffyrdd a byddai'r ffermwr a'i geffyl a chart yn dod i'r orsaf i gasglu'r calch. Ers adroddiad Beeching yn 1963, lorïau pobl fel Gareth sy'n gyfrifol am gyflenwi angen y ffermwyr am galch i ffrwythloni'r tir.

"Wel, fi'n cofio mynd i nôl pethe o Tregaron, o'r trên, ond bennodd y stesion yn Tregaron 'biti chwe deg tri. O'n i'n mynd i Llanbed wedyn, er mwyn cario'r bwydach, neu Aberystwyth. Oedd stwff dal yn dod mewn ar y trên pryd 'ny. Sdim o hwnnw nawr. Loris yw'r cwbwl. A ma nhw'n gweud nawr 'piti bo ni heb neud hewl le fuodd y rheilffordd…' Ond ma nhw 'di gwerthu'r cwbwl bant a tynnu'r pontydd lawr a chwbwl…

"Ni'n neud lot wedyn 'da'r chwarel… Chwarel y Bwlch yn Ystrad Meurig. Ni'n cael lot o fyn'ny. Ma'r llwythi o'r chwarel, *aggregates* fwya, yn mynd trw' Ceredigion – Aberystwyth, Llanbed, Ceinewydd neu Castell Newydd, sdim dal."

Pan dwi'n galw heibio Gareth eto, yn Ebrill 2011, mae'r cware'n brysur yn danfon llwythi i'r Borth, i warchod y tir rhag y môr. Mae'n sôn hefyd am long sydd newydd gludo 29,000 o dunelli o gerrig i Aberystwyth ar gyfer yr amddiffynfeydd yma.

Er mai dwy lori DAF sydd gan Gareth i gludo bellach, mae ei hen lori Dodge a hefyd hen Volvo yn dal i eistedd ar y clos, yn greiriau o hanes hir Gareth yn un o Fois y Loris. Mae'r Dodge yn sicr wedi gweld dyddiau gwell ac mae blynyddoedd o gludo gwrtaith wedi rhydu gwaelod y cab.

"Licen i ga'l cab newydd iddi… ond ma nhw'n brin ofnadw, brin ofnadw… Dechreuodd hon ei bywyd off yn newydd, yn gweithio 'da BP Llandarcy yn Abertawe. Injan dân oedd hi. Oedd hi heb neud milltiroedd mowr o gwbwl."

Yn y tŷ, rwy'n gweld dwy erthygl gan Peter Davies. Yn un, mae'r hen Dodge yn ei gogoniant ac mae gan Gareth fwy o wallt. Dyma rifyn Hydref 1994 o *Trucking International*. Cafodd Peter ei fagu yn Stag's Head, rhwng Llangeitho a Thregaron, ac roedd ei dad yn gyrru lori laeth o *depot* Pont Llanio. Digwydd mynd heibio lori Gareth ar y ffordd wnaeth Peter, tra'i fod e'n ymweld â Chymru wedi iddo symud i fyw i Loegr. Mae Peter wrthi o hyd, ac roedd rhai o'i luniau i'w gweld yn ddiweddar yng nghylchgrawn *Trucking*.

W. G. JONES & SON
TREGARON · 0974-298257

DODGE

PEP 314R

Darn o gelf fodern a grëwyd gan Gareth Werna
a'i galch a'r tywydd dros nifer o flynyddoedd

"O'n i'n mynd lan trw' Aberarth a gweld hon na'th e. Cymerodd e'r rhif ffôn, o'r lori, a ffono fi wedi 'ny."

Yn y rhifyn arall o *Trucking International*, o fis Mawrth 1995, gwelaf Emyr Wyau o Lanwrda gyda'i dad, Alun, a'r hen Commer Commando.

Yn ôl yr erthygl, cyn i Alun adeiladu'r gweithdy roedd Hefina, mam Emyr, yn gorfod dal *torch* yn yr awyr agored fin nos er mwyn i Alun weithio ar y lori. Dyddiau da mae'n siŵr!

Fel Emyr Wyau, Gareth sy'n trwsio ac yn cynnal ei loris ei hun. Mae'r lorïau yn rhan fawr o'i fywyd ac mae e'n un arall sydd wrth ei fodd gyda Chlwb Bois y Loris.

"O'n i'n neud mwy... ni'n cael hwyl dda ers blynyddoedd ac yn cwrdd lan yn Aberystwyth. Gaethon ni giniawau da yn Aberystwyth... A fi'n cofio'n iawn pan o'n i'n gorfod ffeindio ciosc i siarad 'da Geraint ar y clwb. O do, ges i sawl galwad ffôn 'da fe amser 'ny."

Ac mae Gareth yn aelod arbennig iawn o Glwb Bois y Loris. Er mai deg yw ei rif, fe yw'r cyntaf ar y rhestr odidog honno mewn gwirionedd gan fod rhestr Bois y Loris yn cychwyn gyda'r rhif deg.

Mae Gareth hefyd yn flaenor yn y capel, a bu'r capel Methodistaidd yn rhan fawr o'i fywyd ers ei fod yn ifanc iawn. Pan rwy'n galw i weld Gareth eto, rai misoedd wedi'r cyfarfod cyntaf, mae e wedi dechrau pregethu ar y Sul hefyd, pan fydd ei angen.

"Fi 'di bod yn gapelwr erioed, chi'n gwbod. Fi'n flaenor nawr ers rhyw pum mlynedd, chwe mlynedd yng nghapel Bwlchgwynt, Tregaron."

Dyma ddyn sydd wedi treulio'i holl oes waith mewn lori, mewn DAF, neu ERF, Bedford, Dodge neu Volvo. Fel dyn sy'n mwynhau gweithio, ydy Gareth wedi ystyried ymddeol rywbryd?

"Na, dim fel'ny. Fi ddim 'di meddwl ambiti 'ny. Na. Bydd hi'n ddiwrnod hir yn neud dim byd ch'wel."

Eifion Jones

Swydd **Gyrrwr lori, LAS**
Cartref **Cwmsychbant, Ceredigion** Rhif Bois y Loris **279**
Oedran **55** Gyrrwr lori am **8 mlynedd**
Lori heddiw **Lori finiau Dennis** Pŵer 450 nc ar y lori DAF

Wedi cyfarfod Eifion tu fas i siop sglodion Aberaeron, dyma ni'n mynd yn syth i'r ffordd 'uwchben y weilgi' ar y llethr serth sy'n arwain i'r gogledd o Aberarth. Dyma safle godidog i weld Eifion a'i lori finiau Dennis yn rhuo'u ffordd i fyny'r rhiw serth gyda'r môr a'i geffylau gwynion a haul prin Ionawr yn gefndir ysblennydd.

O Gwmsychbant y daw Eifion, ond mae ei waith gydag adran gwastraff ac ailgylchu cwmni LAS o Lanbed yn golygu ei fod yn teithio dros gyfran go helaeth o gefn gwlad Ceredigion yn rheolaidd.

Cafodd ei fagu ar fferm Penlanfawr yng Nghwmsychbant. Mae'n wyth mlynedd ers iddo ymddeol o ffermio, ac mae'n byw bellach mewn byngalo mawr ar fryn uwchben Cwmsychbant gyda'i wraig, Elenid, a'r ddwy ferch.

"O'dd isie *milking parlour* newydd, o'dd isie *slurry store* newydd… buddsoddiad o 'biti pedwar can mil. O'n i'n bedwar deg saith ar y pryd a o'n i'n gweld e'n ormod o fuddsoddiad. A o'dd pris llaeth yn eitha diflas. Fuon ni'n meddwl rhento'r lle mas, ond wedyn 'nes i benderfynu dros nos i newid cyfeiriad yn gyfan gwbwl."

Ydy e'n gweld eisiau'r fferm a'r bywyd yna?

"Na… fuodd hi'n ddierth ar y dechre… A 'na'r amser *comic* o'dd am bedwar o'r gloch yn y nos… Achos o'dd y plant yn dod gatre o'r ysgol, a o'n ni'n cael cwpaned o de, a mynd mas i odro. A chi'n gwbod, pan fennon ni ffarmo… Oedd hi'n iawn os o'ch chi'n mynd rhywle yn y bore, a fod gwaith i gael, ond pedwar o'r gloch… os oedd ddim byd i neud… oedd y *routine* wedi mynd.

"Pan fi'n dreifo rownd nawr, ma'n neis gweld yr ŵyn bach cynta on'd dyfe? A pan fydd da godro mas yn y ca', rheiny sy'n tynnu sylw on'd dyfe? Neu oglau *silage*… ond na, sai'n gweud bo fi'n gweld isie fe fel'ny… Fi dal yn ca'l y *Dairy Farmer*, a'r *British Steering*. Ma dou geffyl 'da ni a ni'n codi gwair a *silage* o hyd, i werthu."

Mae'n arweinydd hefyd gyda'r Clwb Ffermwyr Ifanc lleol. Yn amlwg, mae'r diwylliant amaethyddol yn dal i fod yn rhan fawr o'i fywyd, er ei fod bellach yn un o Fois y Loris. Oedd e eisiau dreifo loris erioed?

"O'n, o'n i wastad, o'ar o'n i'n blentyn. Yn aml, pan o'n i'n ffarmo, bydde rhywun yn dod â *cake* yn y lori, a bydden i'n ca'l dreifo hi lan i ben hewl. O'n i wastad â diddordeb mewn loris de."

Oedd 'na fath arbennig o loris oedd e'n eu lico pry'ny?

"Leylands fuodd ffor'ma i ddechrau. A da'th Volvos wedyn. Fues i'n dreifo Volvo am dipyn. Wedyn Leylands a Dennis sy 'da LAS. Dennis sy'n neud lorïe sbwriel fan ucha a'r *fire brigades*."

Yn ôl Eifion, mae nifer sylweddol o ffermwyr yn gallu gyrru lori erbyn hyn.

"Fi'n meddwl fod mwy o ffermwyr mas 'na nawr 'da HGV na baset ti'n meddwl, achos fuodd *grants* da i meibion ffermydd i gael leisens HGV. Ma cryn dipyn wedi cael un yn y blynyddoedd dwetha 'ma. Yn enwedig nawr, yn dibynnu ar pryd gaethoch chi eich geni, ma rhaid i chi gael prawf cyn gallu mynd â Land Rover a treilyr ar yr hewl. Ma nifer fowr nawr yn mynd yn *straight* i leisens lori, sy'n cyfro Land Rover a pethe fel'ny."

Ces i fy magu ym myd ffermio cefn gwlad ac rwy'n cofio gweithio

73

Eifion yn y lori finiau Dennis, ger
gwesty'r Harbourmaster yn Aberaeron

ar y gwair, gyda'r tractor a'r treilyr a bêls bach, a chymdogion yn dod at ei gilydd. Ydy hynny'n digwydd cymaint y dyddiau hyn?

"Ma'r elfen gymdogol wedi mynd mas o ffarmo, on'd dyfe? Fuon ni'n eitha lwcus pan o'n i wrthi'n ffarmo. O'dd dou neu dri cymydog a o'n ni'n neud lot fowr o waith 'da'n gilydd, yn enwedig amser cynhaeaf. O'n i'n neud dwy fil a hanner neu tair mil o *big bales* ar y pryd. O'dd ddim o'r tractors i gyd 'da ni, ond rhwng y cymdogion o'dd digon o *tackle* 'da ni wedyn de."

Bu Eifion yn gweithio am gyfnod gyda Biffa ac felly'n gyfrifol am gasglu biniau sbwriel dros Gyngor Ceredigion. Ond erbyn hyn mae'n gweithio gyda chwmni LAS. Cafodd LAS ei sefydlu yn Llanbed yn 1963 i gyflenwi'r galw yn lleol am nwyddau amaethyddol. Yn yr wythdegau, fodd bynnag, datblygodd y cwmni i wasanaethu'r galw cynyddol am ailgylchu a chasglu sbwriel o bob math. Mae Eifion yn un o bedwar gyrrwr llawn-amser ac mae yna un gyrrwr arall 'ar alwad' pan fydd angen.

Trwy ei waith mi fydd Eifion yn gyrru tair lori wahanol. Gan amlaf mae'n gyrru'r lori finiau Dennis welwch chi fan hyn yn gwasanaethu busnesau lleol yn Aberaeron. Ond mae e hefyd ar adegau'n gyrru'r lori sgip, sef lori DAF ac iddi 220 nc, a'r lori *roll on*, *roll off* DAF, sy'n cynnig 460 nc.

"Dy' Llun, fydda i ar y *skip lorry*, neu weithie ar y *roll on*, *roll off*. Dy' Mowrth yn y bore fydda i'n neud Llanbed a Aberaeron a Tregaron 'da'r lori finiau. Os oes amser yn y prynhawn fydda i ar y *skip lorry*. Dy' Mercher, dechre yn Caio, wedyn Cilycwm, Llandeilo, a nôl i fennu yn Farmers. Dydd Iau wedyn *roll on*, *roll off* neu *skip*. A dy' Gwener wedyn Llanbed, Llanybydder, Llandysul, Castell Newydd, Aberteifi. *Trade waste* y'n ni'n neud i gyd. Ma Dydd Gwener yn ddydd digon prysur.

"Pan fi ar y bins fi'n cwrdd â cwsmeriaid, a fi'n joio a gweud y gwir. A pan fi ar y dwy lori arall, ti ddim yn *stuck* ar yr un *route*. 'Da'r *skips* nawr, sdim dal ble by'n ni. 'Na beth ni'n gweld lot nawr yw *carpets*, a pob dim yn dod mas

achos fod *bursts* 'di bod. Ti'n gweld beth sy'n digwydd rownd ti yn effeithio ar dy waith di, on'd dyfe?"

Ym mis Ionawr rwy'n cyfarfod Eifion, ar ôl Rhagfyr oer a rhewllyd, eira mawr, ac yna glaw trwm i ddilyn.

"*Black ice* o'dd waetha. Un diwrnod yn mynd lan i Cilycwm, o'n i'n digon hapus ca'l bod nôl ar hewl a bach o grit arni. Y bore hyn, o'n i 'di neud Caio a o'n i 'di neud Llandyfri… Iasu, ar bwys Llandyfri, da'th Discovery i gwrdd â fi. A *flippin' heck*, o'dd e ddigon pell off ond ga'th e ofan a fe wasgodd y brêc.

"Da'th e lawr ata i *full broadside*. O'n i'n meddwl, ''Ma hi…' Ond fe gydiodd yn y clawdd, a a'th e mewn i'r clawdd…"

Pan fydd Eifion wedi cwpla ei gylchdaith gasglu, mae'r lori'n mynd yn ôl i Lanbed er mwyn i'r cynnwys gael ei rannu a'i ailgylchu, neu ei waredu'n gyfrifol. Gall y gwastraff gynnwys sbwriel o finiau, sgips, banciau poteli, tipiau lleol a hyd yn oed gwastraff peryglus a nwyddau trydanol.

Hyd yn oed yn ei amser hamdden, loris sy'n diddori Eifion. Ond loris bychain yw'r rhain, ar raddfa 1:50 i'r loris welwch chi ar y ffordd.

"Yr hobis mwya yw potsian ar y tir fan hyn, neu mas ar y tractor, neu darllen a neud stwff 'da'r *models*… darllen ambiti *models* fydda i fwya… a gwbod shwt i nabod nhw ar ran oedran, beth sy'n neud rhai o' nhw'n mwy sbesial na'r lleill."

Ydy e'n darllen unrhyw lyfrau eraill, fel *thrillers* neu fywgraffiadau, efallai?

"Na, ag eithrio llyfre ar y *models* 'ma, dim ond un llyfr fi 'di darllen o glawr i glawr oddi ar i fi bennu'r ysgol. *Sideways… to Victory!* yw hwnna, *autobiography* Roger Clark, y gyrrwr rali. Fe o'dd y Prydeiniwr cynta i ddreifo fel y *Scandinavians*, pan oe't ti'n dreifo'r car *sideways*. 'Na shwt ma fe'n *Sideways… to Victory!*"

Mewn estyniad i'w gartref mae gan Eifion amgueddfa fechan i arddangos ei gasgliad o fodelau. Mae pob model wedi ei osod yn ofalus tu ôl i wydr i'w ddiogelu rhag yr amgylchedd. Gan fod yna *blinds* dros y ffenest, does dim golau naturiol yn cael effeithio ar liw y paent. A phan rwy'n tynnu lluniau, rwy'n ymwybodol iawn o'r angen i fod yn ofalus iawn gan fod Eifion yn poeni y bydd golau'r lamp yn niweidio'r modelau.

Mae yna bedair prif thema i'r casgliad, sef ceir ralio Roger Clark, loris (fel y byddech chi'n ei ddisgwyl), tractors ac yna JCBs. Diddordeb ei frawd, Ian, sydd y tu ôl i'r casgliad bendigedig yma, sy'n cynnwys llu o loriau cludwyr Cymreig.

"Fy mrawd dechreuodd y casgliad. JCBs o'dd e'n casglu fwya a bu farw e… *forty-seven* o'dd e de, a bu farw e yn *nineteen ninety-six*. A o'n i'n meddwl pry'ny bod e'n trueni fod y casgliad yn bennu…

"'Na shwt dechreuais i'r loris wedyn, achos amaethyddiaeth… Hynny o'r loris fi'n casglu, t'el, ag eithrio loris Cymru, yw *cattle trucks*. Pan ddechreuodd Corgi neud *cattle trucks* wedyn… Corgi yw'r *cattle trucks* i gyd, ag eithrio dwy lori sy'n coffáu Colin McRae…"

Oes gan Eifion ffefryn ymhlith y modelau o loris?

"Scanias sy 'na fwya, ond y Foden 'ma nawr, William Armstrong yw honna. Ma rhain yn loris sy'n dod lawr o'r Alban i *slaughterhouse* Llanybydder. Ma honna mas o *packet* o dri, i ddathlu *hundred and fifty years* o Foden. Bennon nhw neud Fodens wedi 'ny.

"A ma hon wedyn, ma un o rhain, y *tipper*, 'da Jack Vaughan 'fyd. Boi bach o Cei sy 'di comisiynu Corgi i neud hi. Ma hon yn un o'r *sixty* cynta. Oedd Andrew, y boi 'ma o Cei, wedi ordro douddeg cant o rheina 'da Corgi."

Mae'r modelau yma mewn cartref clyd a diogel. A does fawr o syndod am hyn gan fod nifer ohonyn nhw werth dros ganpunt, ac yn amlwg yn fwy na hynny i Eifion. Ond mae Eifion yn sôn am gartref arall cyfagos ble na chafodd y casgliad o fodelau yr un gofal. Mae yna dristwch yn ei lygaid wrth iddo adrodd yr hanes.

"Oedd boi lleol fan hyn a casgliad 'dag e. Enfawr, reit? Un crwt oedd 'da fe – dwy ferch ac un crwt. Oedd e'n prynu un model i gadw a un i'r crwt cael 'hware… a pan dda'th yr wyr'on, o'dd yr wyr'on yn ca'l 'hware â nhw. Gwerth *fortune*! *Fortune*! Cannoedd yr un… a ma nhw 'di mynd…"

Bydd Eifion o hyd yn mwynhau gweld rhai o'r lorïau y mae ganddo fodelau ohonyn nhw ar yr hewl weithiau.

"Pan o'n i'n gweithio 'da Biffa oedd y boi hyn 'da fi a oedd rhywun 'di bod yn siarad 'da fe am Eddie Stobart. A oedd hi 'di mynd yn *debate* ambiti Mansel Davies a Eddie Stobart. A wedodd y boi arall 'ma, 'Eddie Stobart yw'r cwmni mwya…' ond wedodd hwn, 'Na, na, na, na! Mansel Davies yw'r cwmni mwya.'

"A wedodd y boi arall, 'Be ti'n siarad am? Ma miloedd o loris 'da Eddie Stobart, *two hundred* sy 'da Mansel.'

'Gwed wrtha i,' wedodd y llall, 'sawl lori Mansel Davies wyt ti 'di paso heddi?'

'Sai'n gwbod,' wedodd e, 'gormod i gownto.'

'Sawl lori Eddie Stobart ti 'di gweld?'

'Dim un,' wedodd e.

'Wel, 'na ni de, Mansel Davies yw'r mwya de!'"

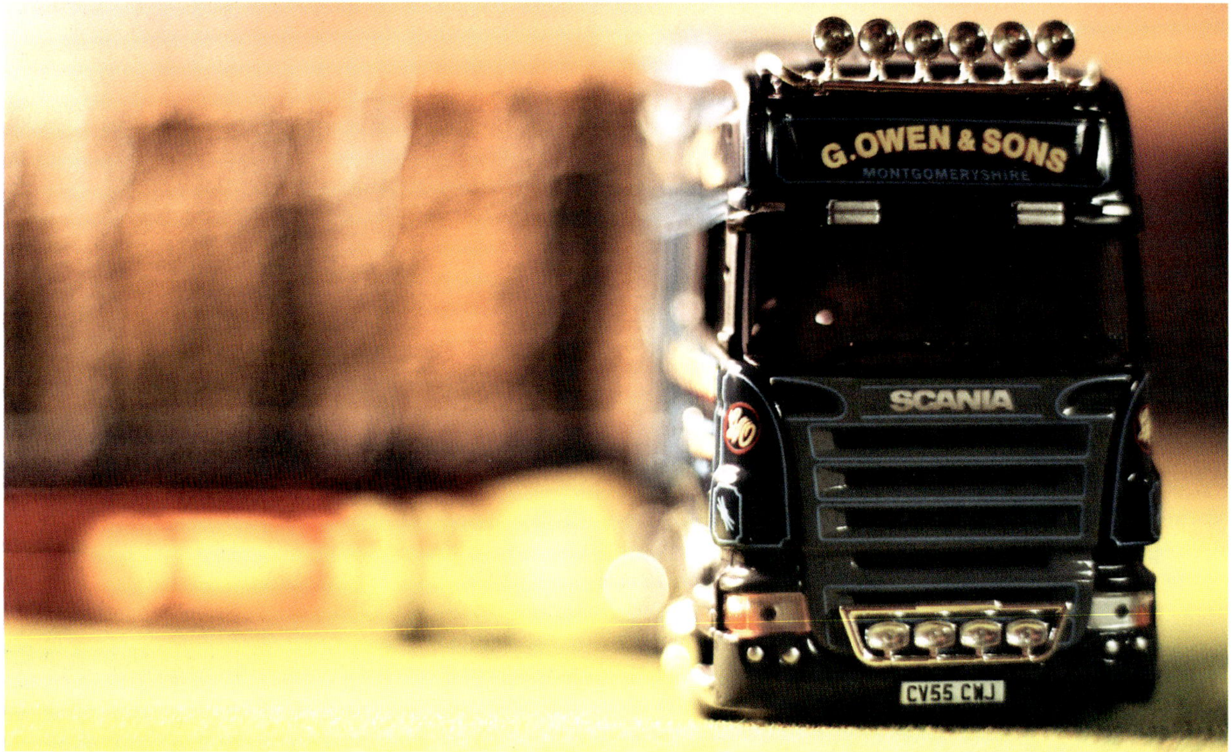
G.OWEN & SONS
MONTGOMERYSHIRE
SCANIA
CV55 CWJ

T.ALUN JONES
T. ALUN JONES LTD.
WELSHPOOL

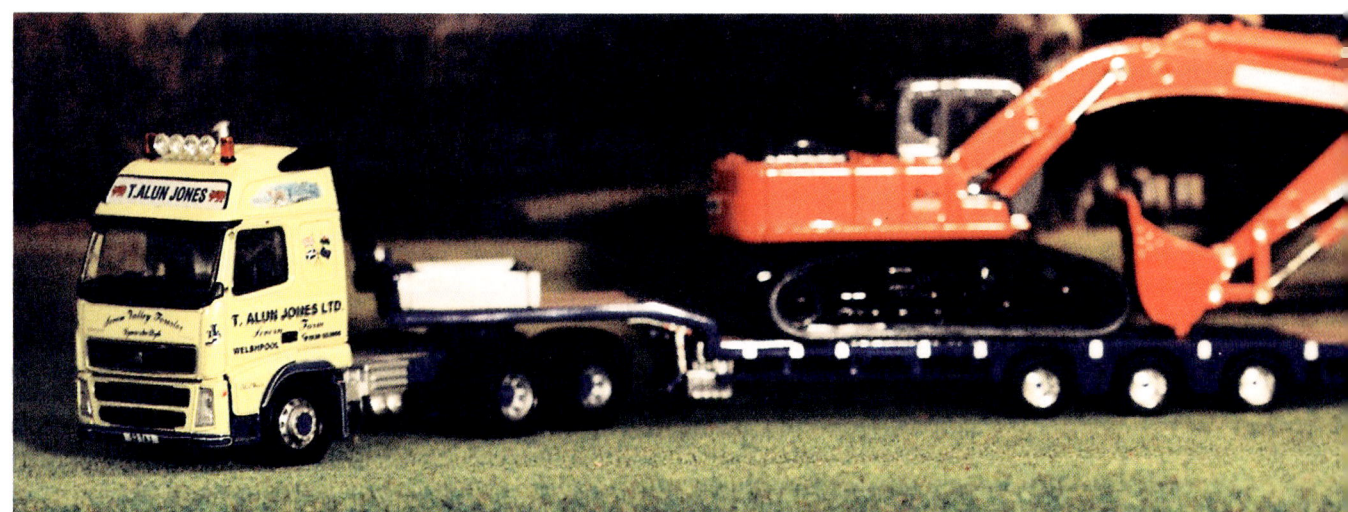

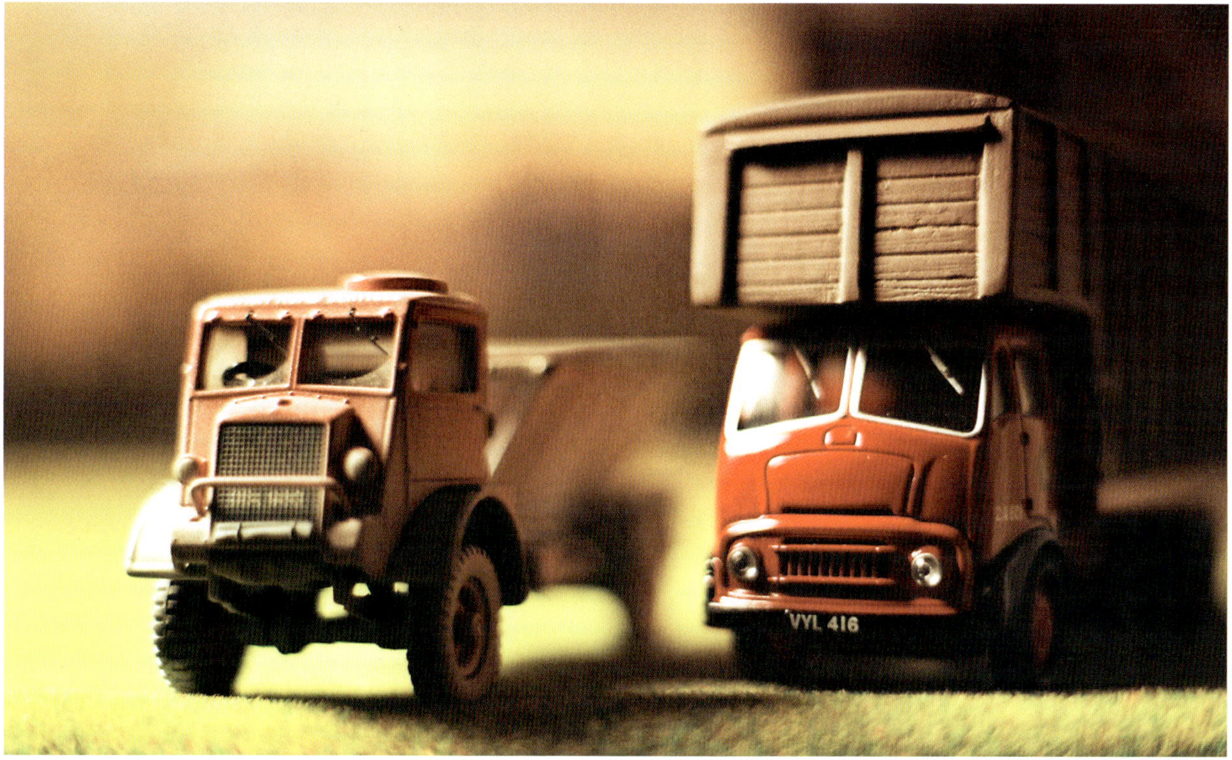
VYL 416

T. ALUN JONES LTD.
HAULAGE & STORAGE
WELSHPOOL 01938-553098
www.talunjonesltd.co.uk
T. ALUN JONES
WALES
SCANIA

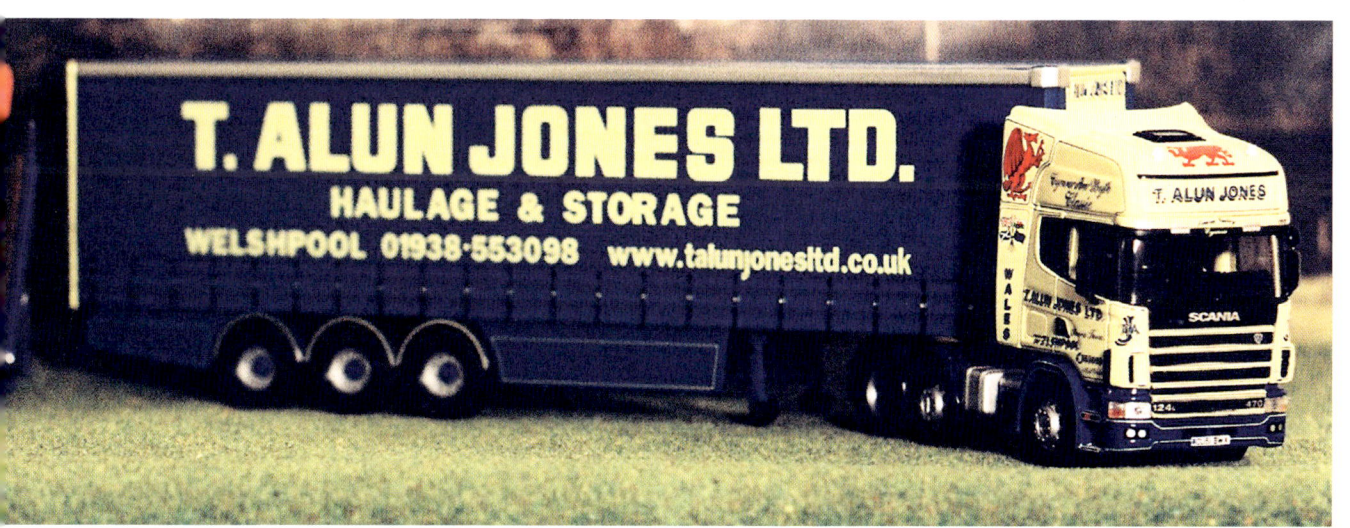

Lyndon Jones

Swydd **Perchennog/Gyrrwr lori, Lyndon Jones Haulage**
Cartref **Rhos, Sir Gâr** Rhif Bois y Loris **100**
Oedran **42** Gyrrwr lori am **20 mlynedd**
Lori **Volvo FH12** Pŵer **460 nc**

Rhyw ugain mlynedd yn ôl, bûm i'n gweithio ar y cynhaeaf gwair. Roeddwn i'n trefnu bêls ar y treilyr mewn cae ym Mhenboyr. Nawr, dyma fi nid nepell o'r cae yna mewn byngalo ym mhentref Rhos, Sir Gâr. Mae dyddiau'r bêls bach yn diflannu'n raddol. Ond dyma waith bara menyn Lyndon Jones a'i fab, Dylan James, sy'n yrwyr hunangyflogedig yn gweithio'n bennaf gyda'r gymuned amaethyddol leol, yn dosbarthu bêls bach.

Lyndon Jones

Lyndon Jones

"Ma well 'da lot o' nhw rownd ffor' hyn achos fod y siediau'n fach, so ma'r bêls bach yn rhwyddach."

Gan fod y ddau yn cludo bêls i ffermydd cefn gwlad lleol, mae nabod lonydd cefn yr ardal yn amlwg yn fantais fawr. Dyw Lyndon ddim yn defnyddio'r SatNav.

"Na, na, ma un 'da fi, ond fi'n gwbod bydde fe'n hala fi ar hewlydd ar hyd ffor' hyn na elen i ddim arnyn nhw... sai'n defnyddio fe ar y lori."

Yn wir, rhyw filltir neu ddwy ar hyd y ffordd o gartref Lyndon mae yna arwydd yn dangos lloeren a

Dylan James

Swydd **Gyrrwr lori hunangyflogedig**
Cartref **Rhos, Sir Gâr** Rhif Bois y Loris **325**
Oedran **21** Gyrrwr lori am **15 mis**
Lori **Volvo FH12** Pŵer **460 nc**

lori a chroes trwyddi. Dyma un o'r lonydd cefn dieflig sy'n twyllo'r SatNav ac mae pobl leol yn dal i gofio lorïau yn mynd i drybini ar y ffordd o Rhos i Drefelin.

Dechreuodd Lyndon ei yrfa yng Nghynwyl Elfed, ond mae e bellach yn gyrru ei lori ei hun. Erbyn hyn mae'n treulio lot o'i amser ar y ffordd i Rydychen neu Swindon er mwyn cludo gwellt yn ôl i gefn gwlad Cymru. Mae'r gwaith yn weddol dymhorol, gyda'r cyfnod prysur ym misoedd Awst a Medi.

"Mae'n gallu fod yn waith caled… ma'r peiriant 'da ni i lwytho'r bêls, ond ma fe'n waith iawn."

Dylan James

Bydd Lyndon yn parhau i weithio ar y loris trwy'r flwyddyn, ond mae Dylan yn meddwl y bydd yn rhaid iddo fe gael gwaith arall yn y cyfnod tawel, yn enwedig gan ei fod newydd gychwyn ei yrfa. Bu'n gweithio ar ffermydd cyn dechrau ar y loris ac mae e hefyd wedi ennill cymwysterau fel *chef*.

Newidiodd y gyfraith yn ddiweddar, oedd yn golygu fod Dylan yn gallu sefyll ei brawf gyrru lori cyn ei fod yn un ar hugain. Mae'n yrrwr lori ers Mawrth 2010 ac wedi ymuno gyda Chlwb Bois y Loris ers hynny.

"Mae tri *part* i'r prawf theori. A wedyn ma pump diwrnod o ddreifo rownd Hwlffordd, pedwar dydd o ymarfer, a wedyn diwrnod arall o *test*. Ti'n neud *Class 2* gynta, dim ond y lori, wedyn ma'r *Class 1* ar gyfer lori *articulated*.

"Rhan fwya o'r amser ni'n gweithio 'da'n gilydd. Ni'n dechrau yn y bore

Dylan James

yn gweithio i'n cwsmeriaid ni, a wedyn nes 'mlan yn dydd, byddwn ni'n neud bach o waith *haulage* arall. Amser 'ny ni'n mynd i lefydd gwahanol, ond rhan fwya o'r amser ni'n mynd i'r un llefydd.

"Ni'n mynd trw' Lambourn, yn Berkshire, a ma 'na ceffylau rasio a tracs rasio yn bob man... Ma fe 'biti *two thousand acres* neu rywbeth fel'na, wahanol i beth s'da ni nôl fan hyn."

Yn ei amser hamdden mae Dylan yn chwarae yn safle chwith canol cae i glwb pêl-droed Saron ac yn dilyn ralïo. Fe fydd e hefyd ar ei feic modur newydd pan mae'n cael cyfle, ac mae'n joio ychydig bach o ralïo car.

"Fi jyst yn joio dreifo."

Gerwyn Williams

Swydd **Gyrrwr lori wedi ymddeol**
Cartref **Llanymddyfri, Sir Gâr** Rhif Bois y Loris 113
Oedran **64** Gyrrwr lori am **38.5 mlynedd**
Lori **Scania 124L** Pŵer **420 nc**

Thames Trader oedd y lori gyntaf i Gerwyn Williams ei gyrru, a hynny yn 1969. Cwmni Ford o'r Unol Daleithiau oedd y tu ôl i'r *marque* Thames, yn ôl yn y dyddiau pell pan oedd cwmnïau Prydeinig yn cystadlu gyda'r cwmnïau o'r cyfandir, fel Volvo, Mercedes, DAF a MAN. Hon oedd y math cyntaf o lori i adain Brydeinig Ford ei hadeiladu yn uniongyrchol ar gyfer y farchnad Brydeinig, a hynny yn ei ffatri yn Dagenham rhwng 1957 ac 1965.

"O'dd hi'n go fodern pryd 'ny. Ond bydde dreifyrs ifanc heddi ddim yn gwbod le i ddechre 'da hi. Dim *synchromesh* ac *air-assisted wipers*. O'dd e'n gweitho'n gwd yn mynd lawr rhiw, ond pan o'dd hi'n mynd lan rhiw, o'dd ddim *wiper* i gael. A'r brêcs! Ffydd o'n nhw mwy

na dim byd. O'n nhw ddim lot nes 'mlan na brêcs car. 'Da'r *churns* o'dd honna, 'da CWS."

Yn syth wedi hynny, rhwng 1969 ac 1999, bu'n gyrru'r un lori, sef Scania 140, gyda'r rhif cofrestru V564 HTG. Casglu *churns* llaeth oedd gwaith Gerwyn tan ddiwedd y traddodiad yna, yn gweithio i hen gwmni CWS, sy'n rhan o'r Co-op erbyn hyn.

"Pan ddibennais i 'da'r Co-op, Scania arall o'dd 'da fi. Fues i o *nineteen sixty-nine* hyd *nineteen ninety-nine* heb gael lori newydd. A'r Scania dwetha 'na o'dd yr un gynta ges i yn newy'."

Yna bu'n gyrru gyda chwmni Wincanton Transport am ddwy flynedd tan iddo ymddeol. Scania oedd ei lori olaf, ond bu Gerwyn wrth lyw lorïau DAF, Volvo, Ford,

AEC a'r Guy Big J6. Does dim lori gan Gerwyn ers iddo ymddeol yn 2007. Serch hynny, mae'n cofio'r lorïau o gyfnod cynnar ei yrfa.

"O'n i wedi joio y Guy. O'n i'n neud peth gwaith rhan-amser yn cario anifeiliaid. O'dd hi'n lori, o'dd mynd lan rhiw neu lawr yn neud dim gwahaniaeth iddi. O'dd hi'n gyson. O'dd hi'n F *reg,* a'r F ar ddiwedd y *number plate.* Ma hwnna nôl canol y chwedegau.

"O, ma'r loris wedi dod 'mlan… Pan ddechreuais i ar y lori, 'na gyd o'dd hi o'dd pedair olwyn, *engine* a cab. O'dd *long distance* i gael pry'ny, ond bywyd tramp o'dd e mwy na bywyd cyffredin. *Bed and breakfast* o'dd hi, neu cysgu yn rwff yn y lori."

Mae'n byw mewn hen dŷ fferm hyfryd, nid nepell o Gapel Tabor lle

On A18... go straight ahead at
roundabout. After next set of
lights straight ahead at next
meds. Safeway at end of road

T.R.S CASH & CARRY LTD
SOUTH BRIDGE WAY THE GREEN
SOUTHALL MIDDLESEX

And along M4 J3 A3005
Leave M4 J3 for Southall
At first roundabout turn right,
straight on at mini-roundabout,
... road to traffic lights. Left

... start below and
... to blue grid...
... Man Fred M85 J45
... 2963 + 1986.
... No entry. Right after bridge
... at top of hill from A503. Kwik
... on right. Bear to centre
Lane for Walthamstow. Right at
traffic lights to Blackhorse Rd
carry on to roundabout right off
roundabout bus shelter on left
turn right to T.R.S.

SatNav Gerwyn Williams

mae bedd Alun Richards, tad Emyr Wyau. Tu allan i'w ffenest mae'n gallu gwylio'r titŵod tomos gleision, a hyd yn oed cnocell y coed, yn bwydo yn erbyn cefndir y Mynydd Du. Mae'r ardd hefyd yn cynnwys pwll bychan ar gyfer rhyw bump ar hugain o bysgod. "Bach o bob siort," yn ôl Gerwyn.

"O, fi'n mwynhau… Fi'n fos ar fy hunan. Os fi moyn mynd mas i'r sied, fi'n mynd i'r sied, ac os nad'w i…"

Gerwyn sy'n gwneud tipyn o'r gwaith trwsio a DIY o gwmpas y lle, ac mae e hefyd yn mwynhau gweithio coed, yn defnyddio peiriant go swmpus, difrifol yr olwg i greu powlenni neu glociau. Rwy'n gweld powlen hardd iawn o'i waith, o bren *spalted beech*.

"Sdim un pren 'run peth. 'Na beth yw'r *spalted beech* yw *fungus*. Lliw'r pren yw'r lliw coch 'na, a'r lliw arall yw'r *fungus*."

Er iddo fyw a gweithio ar hyd lonydd Cymru am bron i ddeugain mlynedd, yr unig arwydd o gwmpas ei gartref o fywyd Gerwyn ar yr hewl yw hen blât cofrestru lori na chafodd erioed ei ddefnyddio.

Daeth hwn o hufenfa Llangadog pan gaeodd y ffatri yn 2005. Collodd dau gant o bobl eu swyddi ac mae'r safle nawr yn ffatri bwyd cŵn i Cambrian Pet Foods.

"Fues i ar y lori laeth am *thirty-eight and a half years*, bywyd dreifo i gyd. Dechrau off ar y *churns*, y *sixteenth* o *March nineteen sixty-nine*, a ca'l *enforced redundancy* yn *September two thousand and seven*. Pan ddechreuais i off, o'n i'n gwbod lle oedd wyth cant o ffermydd. O Nantgaredig lan hyst Llandrindod, lan i Penybont, Aberhonddu, Abercraf, Pontardawe, Rhydaman… Yn *nineteen seventy-six* ddibennodd y *churns* a tancyrs oedd hi wedi 'ny, fues i ar rheiny."

Roedd e'n teithio ymhell cyn dyfodiad y SatNav, ond roedd gan Gerwyn ei system ei hun.

"Ma'r llyfr bach hyn, hwn mwy neu lai o'dd y SatNav. Pan o'n i'n mynd i rywle am y tro gynta, o'dd e'n mynd lawr yn y llyfr. Y llyfr bach 'ma yw lle fues i. O'n i'n gwbod y ffordd o'n i'n mynd, a'r amser o'dd hi'n mynd i gymryd i gyrraedd 'na. Aeth y llyfr hyn dros y wlad i gyd – Walthamstow, Llundain,

Southall, Middlesex… Y *routes* o'n i'n joio o'dd County Durham, a Cumbernauld lan ar bwys Edinburgh, o'n i'n joio'r *route* 'ny."

Er ei fod e wedi ymddeol o'i swydd yn gyrru, dyw Gerwyn heb ymddeol o Glwb Bois y Loris, ac mae e wedi bod i bob cinio blynyddol.

"Wel, mae e'n noson gymdeithasol, a ni'n dod i nabod ein gilydd. Ni'n nabod ein gilydd o'r radio ac yn cwrdd ar yr hewl weithie. Fi 'di bod i'r cinio bob tro ma fe 'di bod. Ma'r cinio yn noson arbennig – digon o fwyd, digon o bopeth. A ma pob un ar yr un lefel. Does neb gwell na'r llall 'na. Ar y noswaith 'na does braidd sôn am lori."

Powlen *spalted beech* gan
Gerwyn Williams

Graham Ward

Swydd **Gyrrwr lori a mecanic, Ken Rees, Rhydaman**
Cartref **Cwmgwili, Sir Gâr** Rhif Bois y Loris 103
Oedran 52 Gyrrwr lori am **31 mlynedd**
Lori **ERF EC14** Pŵer **340 nc**

Er nad yw cwmni ERF yn cynhyrchu lorïau Prydeinig bellach, fe welwch chi ambell ERF ar yr hewl o hyd ac ar werth yn ail-law yn y cylchgrawn *Truck and Plant Trader*.

Fel un sy'n dal i redeg ei rig ERF ei hun, mae gan Graham Ward ddiddordeb yn lorïau'r gorffennol. *Heritage Commercials* a *Classic & Vintage Commercials* yw'r ddau gylchgrawn y bydd Graham yn eu darllen yn rheolaidd.

"Fi'n lico rhywbeth o'r *fifties*, *sixties* neu *seventies* 'yfe? Achos bo nhw'n *British*, 'na lot o' fe siŵr o fod. Ma nhw 'di bennu neud nhw nawr, a welwn ni byth 'o rheina 'to. ERF yw lori fi, a boi ERF fi 'di bod erioed. Ond ma rheiny 'di mynd nawr, wedi bennu. Fi 'di dreifo tipyn o bopeth, ond ma'r ERF yn *good*

all-round lorry. Ma isie gwd boi i chwalu 'ddi!

"Ma'r cab ar honna'n *Olympic Cab*. Fi'n *six foot four* a fi'n gallu sefyll lan ar fy nhra'd yn y cab. Ma'n grêt am hen lori. Oedd peth o'r Volvos â'r cabs mowr pry'ny a nawr ma nhw gyd â cabs mowr, ond o'dd hon gyda'r cynta da'th mas 'da'r cab uchel."

Cafodd ERF ei sefydlu gan Edwin Richard Foden yn 1933. Ei dad sefydlodd gwmni enwog Foden, ond sefydlodd Edwin ERF am ei fod yn credu mai lorïau diesel oedd y dyfodol, yn hytrach na'r dull cludiant ager roedd Foden yn dal i ganolbwyntio arno. Roedd y cwmni'n adeiladu'r *chassis* a'r cab ar gyfer y lorïau ac yn defnyddio injans gan gwmnïau fel Gardner neu Cummins.

Lansiwyd y gyfres lorïau EC yn 1993 a hon oedd y lori a werthodd orau i ERF yn hanes y cwmni. Serch hynny, yn 1996 cafodd y cwmni ei brynu gan Western Star Trucks Holdings o Ganada ac, yn 2000, prynwyd y cwmni eto gan MAN, cwmni o Munich. Cafodd y ddau gant o weithwyr gyfle i ddathlu yn Awst 2000 wrth symud i mewn i safle newydd gwerth £28 miliwn. Erbyn 2002, fodd bynnag, roedd adain lorïau Prydeinig y cwmni wedi cau.

Ar ôl cau'r ffatri yn Sandbach, Swydd Gaer yn 2002, penderfynodd cwmni MAN gwpla gyda'r *marque* ERF yn gyfan gwbwl yn 2007. Er mai adlais o'r gorffennol yw'r lori hon, mae hi'n edrych yn slic iawn o hyd. Andrew Cooper yw'r dyn sy'n gyfrifol am baentio'r lori i Graham.

Mae yna ambell gyffyrddiad personol i'r gwaith paent hefyd, gan fod Graham wedi dyfynnu un o'i hoff gerddorion, Dafydd Iwan. 'Ni yma o hyd' yw arwyddair y lori yma.

Fferm y Llety ger y Tymbl oedd cartref Graham, gyda'i dad, George Ward, yn rhedeg ei gwmni cludiant ei hun, WG Ward & Son.

"Fi 'di bod yn trwsio loris erioed. O'dd 'yn dad â lori o'n flaen i, so ges i'n codi gyda loris. *Four-wheeler tipper* o'dd 'dag e, yn symud *blocks*, *bricks*, pethe fel'na.

"'Nes i *apprenticeship* 'da boi lleol fan hyn. Fues i 'na am *four*, *five years.* Wedyn fues i'n dreifo lori fy hunan am *ten years.* Buodd DAF 'da fi, Seddon-Atki wedi 'ny, Scania wedi 'ny, a nôl i DAF ar y diwedd. Bach o *variety*."

Erbyn heddiw mae'n gweithio i Ken Rees yn Rhydaman. Gyrru oedd ei swydd i ddechrau, ond Graham sydd bellach yn gyfrifol am drwsio lorïau'r cwmni, sy'n cynnwys cabiau Mercedes, MAN a Hino.

"Ambell ddiwrnod pan ma'n bwrw glaw a ma isie mynd dan lori, ti'n meddwl bydde fe'n neis bod ar yr hewl. Ond ma'n waith iawn. Sdim lori wael i gael heddi, ma nhw gyd wedi dod mwy neu lai'r un peth. Ma nhw gyd yn *electronic.* Mecanic hen ffasiwn 'yf fi, ond dyddie 'ma os oes ddim *laptop* 'da chi, ma'n anodd riparo dim byd."

Bu o gwmpas Prydain gyda'i waith a hefyd i'r cyfandir – i Ffrainc, Gwlad Belg a'r Iseldiroedd. Ydy e'n dyheu am yr hen ddyddiau yn y lori?

"Nadw i. Fi 'di neud hwnna, fi 'di bod 'na. *Got the t-shirt*, 'yfe? Ond ma hi'n well dreifo tramor – sdim *queue* i bopeth, 'na'r gwahaniaeth mowr. A ma coffi da ar gael yn y *truckstops*. Yn y wlad 'ma s'o nhw moyn y dreifyrs lori o gwbwl."

Er mai gofalu am wyth lori'r cwmni yw ei waith bob dydd a'i fod hefyd yn trwsio ei lori ERF ei hun, mae prif ddiléit Graham yn rhywbeth digon anghyffredin.

"Ma rhaid bod e'n rhywbeth 'da *wheels* arno fe no! Dros yr haf i gyd, y lori a'r tractor fydd hi. Misoedd y gaea wedi 'ny fi'n cymoni nhw erbyn y flwyddyn wedi 'ny."

Ai'r lori neu'r tractor sy'n cael y sylw mwyaf?

"O, y tractor! Ma hi 'biti *eighty-twenty* ar ran y gwaith fi'n neud.

Ma'r tractor, ma rhywbeth o hyd i neud. Ma rhaid cadw ar ei ben e trw'r amser. Ni'n tiwno fe, a ma fe'n mynd, a ma fe'n dala at ei gilydd."

Massey Ferguson yw ei dractor anhygoel. Dechreuodd ei fywyd gyda phŵer o 90 nc yn dod o'r ffatri. Ar ôl yr holl waith ychwanegol, dyw Graham ddim yn siŵr beth yw nerth y bwystfil bellach. Ond mae'n amcangyfrif taw rhyw 700 nc yw allbwn y tractor y dyddiau yma, sef tua dwywaith cymaint â'r lori ERF. O gymharu, mae'r Ferrari Enzo yn cynnig 650 nc. Mae'n debyg fod ambell dractor sy'n cystadlu yn Ewrop yn gallu cynhyrchu 10,000 nc!

Mae'n cystadlu yn erbyn deg tractor arall yn ei ddosbarth ef yng nghynghrair De-orllewin y Deyrnas Unedig. Daeth yn bedwerydd yn 2010 ac yn drydydd yn 2009.

"Os edrychi di ar YouTube, ar *tractor pulling accidents*, o'dd *indoor meeting* yn Holland a chwythodd yr *engine* mas o'r tractor. Lwcus bod e ddim 'di bwrw neb. Fydd lle'r yffarn ambiti hwnna, a dyle fe fod, achos dyw e ddim yn saff. Ma nhw 'di tiwno shwt gymaint

o'r *engine*, ma fe'n 'hwythu mas…
Ond s'o ni yn y *league* 'na.

"Ma dou bartner o Bridgend, ma nhw'n hedfan. Sai'n gwbod beth ma nhw 'di neud i'r tractor 'na. Sdim byd sbesial 'da nhw, ond ma nhw wastad yn ennill. Ma nhw 'di gwario tipyn o arian fan'na, siŵr o fod."

Mae yna drac ar gyfer tynnu â thractor yng Nghaerfyrddin ers rhyw ddegawd bellach, ddim yn hir ar ôl i Graham gychwyn yn 1998.

"Jyst gweld e, a mynd i cwpwl o lefydd i wotsio fe, a penderfynu pryn'ny i fynd amdani. Hwn yw'r ail dractor sy 'da fi nawr. Prynais i'r un gynta o boi yn Somerset, a gwerthu 'ddi wedyn i boi yn Wiltshire."

Gyda'r hinsawdd economaidd fel y mae hi, ydy hi'n amser da i ddechrau gyrfa fel gyrrwr lori?

"Dyw e ddim yn gwella dim, sai'n credu. Sai'n gweld hi'n gwella 'leni 'to, dim lawr ffor' hyn… Ers *two*

thousand and eight ma hi 'di bod yn dawel – slowodd y sgrap lawr, a ma hwnna'n arwydd fod pethe'n gwaethygu, a ma Tsieina'n prynu llai… Ond ma'n beth da bo ni heb fynd mewn i'r *euro*, neu bydden ni fel Iwerddon nawr… Licen i ddim dechre dreifo heddi. Ma popeth lleol fan hyn yn cau, a ma'r llaeth yn mynd i Lloegr pob dydd."

Merfyn Lloyd Jones

Swydd **Gyrrwr lori, L Lloyd Jones a'i Fab**
Cartref **Tywyn, Meirionnydd** Rhif Bois y Loris 213
Oedran **43** Gyrrwr lori am **22 mlynedd**
Lori **Scania P310** Pŵer **310 nc**

Lemuel Lloyd Jones

Swydd **Gyrrwr lori wedi ymddeol**
Cartref **Tywyn, Meirionnydd** Rhif Bois y Loris **Ddim yn aelod**
Oedran **79** Gyrrwr lori am **61 mlynedd**
Lori **Scania 113** Pŵer **360 nc**

Mae'n brynhawn Sadwrn heulog yng nghanol mis Chwefror wrth i mi adael Ceredigion a chroesi'n sydyn trwy begwn gorllewinol Powys, cyn dilyn afon Dyfi ac yna'r môr i Dywyn, yn nyfroedd de-orllewinol Sir Feirionnydd.

Ar ymylon Tywyn, mewn bwthyn bach twt, rwy'n darganfod nid yn unig Merfyn Jones, un o Fois y Loris, ond hefyd ei dad, sylfaenydd cwmni L Lloyd Jones a'i Fab yn 1965.

Y bwthyn yw'r peth cyntaf rwy'n ei weld, yna dwy lori Scania mewn sied sylweddol wrth ochr y tŷ. Yna'r ci mwyaf dwl welais i erioed mewn cenel wrth ymyl y sied. Daeargi bach wyth mis oed o'r enw Jim yw hwn, ac fe fydd e'n cyfarth ac yn bownsio i fyny yn yr awyr trwy gydol fy sgwrs gyda Merfyn a Lloyd, felly dyma ni'n cilio i'r gweithdy am glonc.

Ym mis Ionawr 1932 y ganwyd Lloyd, ond mae'n dal i edrych yn ddigon heini, ac mae ei gof a'i straeon yn fyw o hyd, yn llawn bwrlwm a helynt yr amseroedd a fu.

Lloyd: "Gweithio yn y *forestry* oedd fy nhéd i. Oedd gynno fo ryw fath o *smallholdings* hefyd, yn Bont Llanbrynmair."

Daeth yr enw Jones o Lanbrynmair gyda Lloyd, a'i acen Sir Drefaldwyn hefyd. Cyfarfu â'i wraig wrth weithio ar ffermydd lleol ym Meirionnydd. Daw teulu Rosemary yn wreiddiol o chwarel Tonfanau, sydd wedi ei lleoli ble mae afon Dysynni yn cyrraedd y môr, ar ôl cychwyn ei thaith ar lethrau Cader Idris. Llanegryn, Rhoslefain oedd y cyfeiriad a byddai hi'n codi bob bore i weld y môr. Davies oedd hi cyn priodi.

Ydy Lloyd yn cofio cyfarfod Rosemary am y tro cyntaf?

Lloyd: "Yn y sinema yn Tywyn, ie… *nineteen sixty-three* oedd hi," medde fe gan chwerthin yn llon.

Bu Lloyd yn gyrru gyntaf gyda Glyn (HG) Evans yn Ninas Mawddwy, yn cludo ŵyn o Dregaron i Jamesford yn Swydd Essex.

Lloyd: "Wedyn o fan'ny i weithio i *contractor* yn Pennal, John Edwards, a dyna sut gychwynnais i. Na'th o riteirio, a prynais i'r busnes o'wrtho. Roedd gan John Edwards féb, Hefin, ond fuodd ddamwain yn *nineteen sixty-three*, yn yr eira a'r rhew mawr, a ges o'i lédd. A dyna

sut es i at John Edwards, achos fod o 'di colli'r méb."

Leyland Octopus oedd lori gyntaf Lloyd, sef lori wyth olwyn digon eiconig i ddilynwyr lorïau Prydeinig. Lori gyfoes Scania ac iddi dreilyr parhaol yw Scania gwaith Merfyn. Hon fydd e'n ei gyrru wrth gludo tarmac o gwmpas gogledd Cymru. Mae'n teithio i'r chwarel i dderbyn llwyth o darmac, yna'n cludo hwnnw i ble bynnag mae angen trwsio'r ffyrdd. Ac mae galw mawr ers y tywydd gwael diweddar.

Merfyn: "Ma 'na chwarel yn Porthmadog. Dwi'n mynd fan'na yn y bore, ac yn symud tarmac i rywle yn y Gogledd. Mae 'na un chwarel yn Porthmadog ac un arall yn Abergele. Dwi'n iawn yn rhywle yng ngogledd Cymru, ond am Wrecsam! Pob tro dwi yn Wrecsam, dwi'n mynd ar goll…

"Ond dwi'n cael gweld gogledd Cymru i gyd. Unwaith dwi 'di gadael y chwarel dwi'n gallu gwneud fel dwi isie wedi 'ny, dim ond bo fi'n cyrraedd y *site*."

Pasiodd Merfyn ei brawf lori yn un ar hugain mlwydd oed. Cyn hynny, bu'n gweithio'n lleol, yn aros

am y cyfle i fod yn yrrwr lori fel ei dad. Fel Merfyn bellach, bu Lloyd hefyd yn gyrru lori *tipper* am gyfnod maith, ond roedd e wrth ei fodd am ugain mlynedd yn gyrru *low-loader*, sef y math o dreilyr a welwch chi yn symud peiriannau mawr ar y draffordd – treilyr heb ochrau na tho ar gyfer llwythi lletchwith.

Lloyd: "Dwi 'di bod yn pob man. Bues i yn cario *tipping trailer*, a tarmac, ond o'n i wrth fy modd â dreifio *loader*. O'ch chi'n cael gwahanol llwyth bob tro. Bues i'n symud lot o Ystrad Meurig. Oedd o'n *interesting* iawn. A ges i ambell i *police escort* ynde, gyda llwyth lydan. Dyw job *tipping trailer* ddim 'run peth."

Fel nifer o'r gyrwyr, mae gan Lloyd a Merfyn gasgliad o luniau o'u lorïau, gan gynnwys nifer o fathau gan wahanol gwmnïau.

Lloyd: "Dodge ges i, i gychwyn, *tipper* oedd hi. Wedyn gaethon ni Volvo F86. A Leyland Clydesdale. 'Na'r peth sala doth yma. *Rubbish. Rubbish.* 'Naethon ni ddim ond cadw honna am ddeuddeg mis."

Mae yna lun hefyd o dractorau ar gefn treilyr y 'Scania Mawr', fel

Merfyn a Lemuel Lloyd Jones Bois y Loris

mae Lloyd a Merfyn yn galw hen
lori Lloyd.

Merfyn: "Dau dractor a *baler*
sydd arni. Ffarmwr lleol, yn fan hyn,
mae gynddo fo ffarm yn Sir Fôn
hefyd, a ni'n symud y peiriannau nôl
ac ymlaen."

Y Scania mawr, sef yr 113, yw'r un
y bydd Merfyn yn ei gyrru i sioeau.
Lori *articulated* yw hi, fel y mwyafrif
o'r lorïau 'tractor' welwch chi ar
y ffyrdd. Treilyr sy'n rhan o gorff
y lori sydd ar y Scania arall, fodd
bynnag, y *tipper*. Bydd Merfyn yn
mynd i'r sioeau gyda'i gyfeillion o'r
Gogledd, sef Dafydd Jones a'i DAF
o'r Felinheli, Geraint Jones a'i Volvo
o Ynys Môn, Jim Ricketts, sydd â'i
Volvo ei hun yn symud cychod, ac
Andrew Atterbury o Borthmadog,
sydd hefyd yn gyrru Scania.

Roedd y Scania a ddaeth o
Mansel Davies yn un o'r rhai olaf i
adael clos Mansel Davies wrth i'r
cwmni benderfynu canolbwyntio
ar Volvos. Ar wahân i honno, mae'r
Scanias eraill i gyd wedi dod fel
cabs 'tractor' newydd o Sweden.
Cwmni yn yr Amwythig sydd wedi
ychwanegu'r treilyr arllwys ar y
Scania presennol.

Lemuel Lloyd Jones
a Merfyn Lloyd Jones

Merfyn: "Dwi'n mynd â'r lori i ryw bump sioe pob blwyddyn. Dwi'n cystadlu efo hon yn y dosbarth *classic and vintage*… Diwrnod neu ddau yw bob sioe, a ni'n cysgu yn y lori."

Mae yna un elfen go unigryw i'r Scania mawr, ac o'r tip y daeth honno, o'r cyfnod pan fu Lloyd yn symud sbwriel. Bu'n gweithio ddiwrnod y mis i chwe thip lleol gwahanol, ac o Dywyn y daethy

Merfyn Lloyd Jones a'i lori arllwys tarmac

llew sydd ar flaen y Scania mawr.

Lloyd: "O'n i'n lefelo'r tips a o'n i 'di mynd â lori lawr i waelod Tywyn, ac oedd rhyw hen *alsatian* wedi gweld y llew 'ma, ac wedi mynd amdano. Ho, ho… A dyna beth sydd ar y lori… Oedd e ddim yn job neis…"

Chaiff Merfyn ddim lot o gyfle am siesta fach wrth deithio yn y Scania bach gyda'i waith, gan mai *rest cab* yw hwn. Yn wahanol i'r *day cab*, sydd heb wely, a'r *sleeper cab*, sy'n cynnwys o leiaf un gwely, mae cab y Scania bach yn cynnwys rhyw fath o hanner gwely, sy'n addas i gorrach ond nid i Merfyn.

Mae'n rhaid bod byd y gyrrwr lori wedi newid cryn dipyn yng nghyfnod hir Lloyd wrth y llyw?

Lloyd: "Dwi'm yn credu fod y bois ifenc 'ma heddiw yn gallu rhaffu llwyth… Mae 'na *curtainsider* i bob peth rŵan, on'd does? Ond oedd rhaid i chi fod yn *expert* ar raffu'r llwyth amser o'n i'n cychwyn."

Jack (John) Hywel Hanmer

Swydd Gyrrwr lori, J H Hanmer & Son
Cartref Rhewl, Sir Ddinbych **Rhif Bois y Loris** 237
Oedran 74 Gyrrwr lori am 58 **mlynedd**
Lori Foden S106 **Pŵer** 380 **nc**

Ifor Wyn Hanmer

Swydd Gyrrwr lori, J H Hanmer & Son
Cartref Rhewl, Sir Ddinbych **Rhif Bois y Loris** 239
Oedran 45 Gyrrwr lori am 27 **mlynedd**
Lori Foden Alpha 1 **Pŵer** 420 **nc**

Rhian Hanmer-Jones

Swydd Gyrrwr lori rhan-amser, J H Hanmer & Son
Cartref Rhuthun, Sir Ddinbych **Rhif Bois y Loris** 255
Oedran 43 Gyrrwr lori am 22 **mlynedd**
Lori Foden S106 **Pŵer** 325 **nc**

Yng nghesail bryniau Dyffryn Clwyd, Rhuthun yw tref sirol Sir Ddinbych. Tref fechan yw hi o hyd, yn enwedig o'i chymharu â Wrecsam, ond mae hi'n dref fach ddigon del.

I'r gogledd o Ruthun, ar yr A525 i Ddinbych, mae un o'r tri phentref yn y sir sy'n dwyn yr enw Rhewl. Mae'r enw lleol Rhewl, sy'n unigryw i Sir Ddinbych, wedi peri dryswch i nifer o bobl ac rwy'n un ohonyn nhw. Y Drovers Inn yw'r dafarn yn y pentref, ac mae'n sicr bod hon yn hen ffordd i'r porthmyn yn y dyddiau pan oedd nerth ceffyl yn golygu anifail yn hytrach na lori neu dractor. Fan hyn, yn Rhewl, mae Jack a Mairwen Hanmer yn byw.

Nhw sydd yno i fy nghyfarch gyda'r newydd bod dau o'u plant, Ifor a Rhian, ar y ffordd. O Langernyw ger Abergele y daw Mairwen yn wreiddiol, ac er nad yw hi'n aelod o Fois y Loris, mae hi'n cyfrannu'n helaeth i'r cyfweliad a hefyd yn gweini paneidiau bendigedig o de a detholiad o frechdanau sy'n diflannu'n sydyn. Gwell i Ifor a Rhian fod yma cyn hir os oes awydd bwyd arnyn nhw.

Yn Eisteddfod Llanrwst y cyfarfu Mairwen a Jack, ond maen nhw'n honni eu bod nhw'n methu cofio pa flwyddyn oedd hynny. Er gwybodaeth, bu'r Eisteddfod Genedlaethol yn Llanrwst yn 1951 ac 1989 ac Eisteddfod yr Urdd yn 1968.

Cwmni teuluol yw'r Hanmers. Cael benthyg lori ei gŵr, Michael Jones, mae Rhian yn ei wneud. Gweithio i deulu ei wraig mae e, a fe yw gyrrwr y lori fel arfer. Dyw Mike ddim yn aelod o Fois y Loris am nad yw'n hyderus iawn ei Gymraeg, yn ôl Mairwen. Mae'n siarad Cymraeg gyda'i ferched, serch hynny. Saesnes oedd ei fam. Bu Mike yn gweithio mewn banc am gyfnod, ond roedd yn well ganddo yrru lori ac felly dyma fe'n ymuno â busnes teuluol ei wraig.

Mae'n deulu mawr, ac mae'r manylion amrywiol yn rhaeadru o enau Mairwen a Jack. Wrth wibio trwy'r casgliad o luniau o'u loris, rwy'n dod i adnabod rhai o weddill teulu estynedig yr Hanmers. Dyma Jac bach, mab Ifor a'i wraig Sarah, o flaen lori Foden. Dyma Foden 4300 yn newydd. Dyma lori gafodd ddamwain gyda bws ar y ffordd o chwarel Minera ger Wrecsam.

Dyma Jac bach eto o flaen Foden arall. Kimberley yw'r ferch ifanc yna, merch Ifor o'i briodas gyntaf. Mae hi'n ugain oed erbyn hyn ac yn astudio yng Nghaerdydd. Gwenan yw enw chwaer Ifor a Rhian, ond dyw hi ddim yn gyrru lori. Ond roedd hi'n arfer chwarae gyda'r CBs ac roedd hi'n fwy o *tomboy* na Rhian, medde pawb.

Tra bod hyn i gyd yn digwydd, mae yna frwydr gyson rhwng Jack a Mairwen – y naill yn ceisio siarad am loris a'r llall yn cynnig elfennau mwy personol, yn adrodd hanes ei theulu drwy luniau o loris. Mae'n broses ryfedd, ond yn lot o hwyl er gwaetha'r anhrefn.

Bu gan Jack ryw wyth neu ddeg Foden ar y ffordd ar un adeg, ond erbyn hyn tair lori sydd wrthi.

Mairwen: "A ma'r *rest* yn *dry dock*!"

Rwy'n gofyn a yw'r teulu wedi cadw rhai o'r hen Fodens yma, a chwerthiniad bywiog a hir rwy'n ei gael fel ymateb gan Jack a Mairwen. Rwy'n cofio Geraint Lloyd yn sôn fod ambell i hen Foden ar yr iard yn Rhuthun ac rwy'n edrych ymlaen yn arw at weld Amgueddfa Foden Rhewl. Mae yna hen lori

Scammell yna hefyd, mae'n debyg, oedd yn dipyn o ffefryn gan Jack ond ddim cymaint wrth fodd Ifor.

Dyma pryd mae Rhian yn cyrraedd. Swil a thawel yw Rhian ar y cychwyn tan iddi sylweddoli nad cyfweliad radio yw hwn. Fe fydd Rhian yn gyrru'n achlysurol, ond mae ganddi swydd lawn-amser gyda Chymdeithas Tai Clwyd.

Tra bod Mairwen yn siarad gyda Rhian, rwy'n trafod rhai o Fois y Loris gyda Jack ac mae'n cofio enw dolen CB Emyr Wyau o Lanwrda – 'Daytripper' yn ôl Jack.

Ac er mai dyn y Fodens yw Jack erbyn hyn, Leyland Lynx oedd y lori gyntaf iddo ei phrynu, ym mis Awst 1970.

Jack: "Ro'dd digon o *power* ynddi a o'dd hi'n dda yn cornelu. O'n nhw'n loris iawn."

Mae Mairwen yn adnabod hen lorïau'r cwmni i gyd, ac yn gallu cofio rhifau cofrestru lorïau J H Hanmer yn well na neb.

Mairwen: "Oedd honna'n newydd sbon – ddaru o brynu honna'n newydd sbon!"

Oedd hi'n drist i weld y cwmni Leyland yn cau?

Jack: "Wel, oedd. A ma Fodens 'di mynd i'r wal, wedi gwerthu allan i America rŵan. A ma ERF wedi mynd…"

Beth wnaeth ddenu Rhian at y gwaith gyrru?

Rhian: "Jyst yn mwynhau dreifio. Ma 'ngŵr i'n dreifio, jyst yn joio loris."

Erbyn hyn ry'n ni'n dechrau gweld hen luniau'r lorïau Foden sy'n dal i fod ar yr iard.

Jack: "Ma honna 'di mynd, ond ma honna ar yr iard, os base'n bosib mynd ati…"

Mairwen: "Peidiwch mynd i'r iard. Peidiwch mynd fan'no. Ma fan'no fath â bedd i hen loris…"

Sut wnaeth Rhian gyfarfod Mike?

Rhian: "Trwy'r CBs a dweud y gwir. Roedd Mam a Dad yn nabod Mam a Dad o hefyd… ond dros y CBs digwyddodd e…"

Cafodd Jack ei eni yn 1936 ac erbyn dechrau'r pumdegau roedd e wrth y llyw mewn lori.

Jack: "O'n i'n dreifio lori pan o'n i'n *sixteen*. Ha ha. O'n i'n mynd lawr i *South Wales*, i Llandysul, i'r *slaughterhouse*. O'n i'n mynd o'r mart yn Rhuthun 'ma, bob nos Iau…"

Dyma pryd mae Ifor yn cyrraedd, i ymuno yn rhialtwch y cyfweliad lleiaf trefnus rydw i wedi bod yn rhan ohono erioed.

Tarmac yw'r llwyth arferol i yrwyr J H Hanmer & Son, a hynny ers cychwyn y cwmni.

Ifor: "Ma fi a gŵr Rhian yn cario o Wyddgrug fwya, am Lerpwl, Warrington, Manchester, tua naw deg y cant o be ni'n neud yw symud stwff allan o Gymru. Fel arfer ni'n teithio fyny at pum deg milltir, ond weithie ni'n mynd bach yn fwy."

Bydd y tarmac yma'n mynd i ble bynnag mae ei angen – ar gyfer ysgolion, traffyrdd, ffyrdd mawr a bychain ac unrhyw leoliad arall. Bu'r teulu'n brysur iawn hefyd pan fu llifogydd dinistriol yn Nhywyn ger Abergele yn 1990. Mae'n debyg mai hwn oedd y symudiad mwyaf o drigolion ym Mhrydain ers yr Ail Ryfel Byd. Ond nid cael pobl allan yn unig oedd ei angen – roedd angen cludo cerrig i mewn hefyd, er mwyn ceisio achub Tywyn.

Ifor: "'Naethon ni gario i Tywyn pan oedd Tywyn wedi fflydio. Ro'dd y dŵr fyny at y drws ar y lori, ac o'n ni'n gweithio *round the clock*. O'dd Rhian wrthi hefyd…"

Fel teulu sydd wedi bod ynghlwm

Jack, Mairwen, Rhian ac Ifor

â'r diwydiant cludiant lleol ers dros hanner canrif, pa newidiadau maen nhw wedi eu gweld?

Ifor: "Mae o wedi mynd, ma lot o caffis wedi cau ar y ffyrdd rŵan. Rhywle i gael rhywbeth i fwyta, rhywbeth da am bris rhesymol."

Jack: "Mae'n sâl am *truckstops* rŵan…"

Yn ogystal â'i ran amlwg yn hel Fodens ar yr iard gyda Jack, mae Ifor hefyd yn casglu hen foduron eraill, gan gynnwys casgliad sylweddol o hen foduron 4x4, un gyda *snorkel* i fedru gyrru dan ddŵr, a hefyd hen Lotus sy'n rhydu tu allan i gartref ei rieni, a hyd yn oed hen beiriant *forklift*.

Pa un o'r ddau yma sydd waethaf am gasglu'r hen beiriannau? Mae Ifor yn honni mai Jack sydd wrthi fwyaf, ond yn ôl Mairwen, "does 'na ddim un o'r ddau yn lluchio pethe i ffwrdd." Ac mae Ifor yn gryf iawn ei farn mai'r hen lorïau oedd y gorau.

Ifor: "Well gennai'r hen loris na'r loris newydd. Sdim lot o sens y dyddie hyn pan mae lori'n cau lawr a cau mynd. Yn yr hen rhai, oeddet ti'n rhoi dy droed lawr ac oedden nhw'n mynd, ond ma'r rhai newydd, www… na…"

"A dy'n nhw ddim yn mynd cystal chwaith. 'Da ni o hyd wedi bod gyda *British trucks*, ynde? Mae'r rhan fwya o'r loris sy 'di bod, reli, tan y Fodens, wedi bod yn British Leyland *trucks*.

"O'n i gyd ar job yn ddiweddar, a oedd 'na hogyn, dyma fo'n tynnu fewn efo'i gamera ac yn gofyn os alle fe dynnu llun o un o'r loris. So ma'r boi 'ma â'r lori newydd yn gofyn 'Where do you want mine?'

'As far away as you can from the Fodens,' medde fo."

Mae yna lot fawr o chwerthin eto.

Ifor: "Pan 'dach chi'n prynu Fodens, mi gedrwch chi gael dau 'run fath, ond 'dach chi'n dweud pwy cab 'dach chi isio, pa gerbocs, pa injan…"

Cychwynnwyd cwmni Foden yn 1856 gan Edwin Foden ac roedd yn un o'r cwmnïau mwyaf llewyrchus trwy gyfnod cludiant moduron ager a diesel. Prynwyd y cwmni gan PACCAR Inc yn 1980. Yna, prynodd y cwmni hwnnw DAF yn 1996, ac erbyn Gorffennaf 2006 penderfynwyd peidio â chynhyrchu lorïau Foden bellach. Ydy hi'n anodd, felly, i gael *parts* newydd i drwsio'r Fodens erbyn hyn?

Unwaith eto mae'r cyfweliad yn mynd yn ffradach. Mae Jack yn cytuno fod cael *parts* yn anodd ac rwy'n holi ai dyma pam mae'n cadw'r hen lorïau ar yr iard.

Rhian: "Dyna pam ma Dad isio cadw nhw… neu dyna un rheswm, medde fo…"

A beth yw'r rheswm arall?

Rhian: "Dwi'm yn gwbod fod 'na reswm, jyst fod Dad isio cadw nhw…"

Mairwen: "Os 'dach chi'n mynd i'r iard 'na, gewch chi weld… Mae'n siriys 'na! Dyw lori byth yn mynd o iard ni!"

Yn wahanol i Mansel Davies neu L E Jones, neu gludwyr mawr eraill Cymru ac Ewrop, dyw'r cwmni teuluol lleol hwn ddim yn gorfod dilyn trefniant yr Euro 5 ac ati. Ac, yn ôl Ifor, mae hyn yn beth da, gan ei fod e'n gweld nifer o lorïau newydd wedi torri lawr ar ochr y ffordd oherwydd nam technegol.

Yr Hanmers sydd yn trwsio eu lorïau eu hunain gan amlaf. Fel arfer ar y Fodens yma, fe fydd *flash code* yn hysbysu'r gyrrwr beth sydd angen ei drwsio.

O ran Clwb Bois y Loris, Jack oedd y cyntaf i ymuno, yna Ifor, yna Rhian.

Jack Hanmer yng nghanol Amgueddfa Foden Rhewl. Mae'r lori Scammell yn y cefndir

A Rhian yw'r unig ferch sy'n aelod o'r clwb ar hyn o bryd. Rwy'n gweld lluniau o Jack gyda Geraint Lloyd, pan fu'n ymweld â'r teulu, ac eto mewn sioe lorïau yn Ninbych.

Mairwen: "Fuodd Geraint Lloyd yn ein iard ni on'd do?"

Jack: "Fuodd o 'da ni gyda'r dreifyr, Ronnie, i'r chwarel, ac aeth Ronnie i Wrecsam â'r llwyth a es i i'w nôl o, Geraint, o'r chwarel, a ddaru ni stopio mewn lle yn neud *butty baps* a gaeth o selsig. 'Ew, *beautiful*,' medde fo."

A sut ddaeth y teulu i ymuno â'r clwb?

Ifor: "Os o'dd Dad 'di bod yn y lori, neu yn eich car chi, oedd e wastad ar Radio Cymru… 'dio'm bwys lle 'dach chi'n mynd, yn bob car, mae Radio Cymru arno. Lawr yn yr iard, mae o fan'no hefyd… Ma fel bod mewn capel!"

Mairwen: "Ma'n codi'n bore de, a ma'r radio yn mynd ymlaen yn syth. Mae'n dod adre'n y nos, yn syth, unwaith mae o 'di tynnu ei sgidie – radio!"

Jack: "O, dwi'n colli Geraint Lloyd yn nos rŵan."

Mae'r teulu i gyd yn ymfalchïo mewn loris ac yng Nghlwb Bois y Loris. Ond Mairwen a Jack yw'r ddau sy'n frwd iawn eu dilyniant o Iona ac Andy.

Jack: "Sut 'dach chi'n gwbod hynny?"

"Geraint soniodd fi'n credu."

Mairwen: "'Dan ni'n mynd gyda Iona ac Andy bob blwyddyn! 'Dan ni 'di bod gyda Iona ac Andy i America, Canada, 'dan ni'n dilyn nhw i bob man. Ni'n cael *list* Iona ac Andy am y flwyddyn, ma 'na rhyw ddau gant o' ni. 'Dan ni 'di bod i Twrci efo nhw, Iwerddon, Sgotland…"

Mae Jack a Mairwen hefyd yn hoff iawn o Blackpool, a gwesty'r Gresham yn enwedig. Bydd y ddau'n mynd yn weddol reolaidd ar drip bws i weld Tony ac Aloma yn chwarae gig fach *impromptu* i'r gwesteion. O ran canu Saesneg, *"Americans* 'di'r gore" yn ôl Jack. Hank Williams, Johnny Cash a Slim Whitman yw'r tri sy'n dod i feddwl Jack a Mairwen. A beth am Ifor?

Mairwen: "O't ti'n *mad* ar Elvis… a Showadywaddy…"

Ifor: "Ers talwm, ie…"

Mairwen: "Mae'i ben-blwydd o mis Mawrth ac mae o'n cael mynd i weld Showadywaddy…"

Ifor: "Ond 'dy'r wraig ddim yn hapus iawn…"

A rhagor o chwerthin iachus, a thrafodaeth hir am pam nad yw Sarah am fynd i weld Showadywaddy, gan ei fod e'n anrheg pen-blwydd iddi hi hefyd.

Oes hobis eraill gan Ifor neu Rhian?

Rhian: "Hobi fi 'di dreifio lori rhan-amser…"

Ifor: "Ma hobis fi'n unrhyw beth efo injan, reli…"

Fe fydd Ifor yn mwynhau gyrru cerbydau mewn canolfannau *off-road*. Ar hyn o bryd mae ganddo Mitsubishi Shogun, ond mae ambell gerbyd arall hefyd yn gorwedd o gwmpas yr iard.

Ifor: "Ma pawb arall yn prynu Land Rovers, reli, a Discoverys, ond 'nes i brynu Shogun am ei bod hi'n rhad, yn *insurance wreck*, a 'nes i drwsio hi a ma hi'n edrych yn waeth nawr na pan 'nes i brynu hi."

Mae cymdeithasu a chloncan yn amlwg yn beth naturiol iawn i'r teulu. Unwaith, wrth gymdeithasu,

Ifor o flaen ei hoff lori ar yr iard

Rhian Hanmer-Jones

daeth cyfle annisgwyl i gyfarfod rhywun doedd Jack heb ei weld ers hanner can mlynedd.

Jack: "O'n i'n mynd i cinio Nadolig y Silver Star *buses*, o Gaernarfon i Solihull. O'dd 'na disgo ymlaen ag yffarn o sŵn yna. 'Dan ni'n licio siarad de… aethon ni i'r *room* 'ma, i gael siarad yn dawel, a oedd *sixteen* o' ni erbyn diwedd, on'd oedd?"

Mairwen: "A daeth y cwpl 'ma mewn a gofyn, ''Dach chi'n meindio os 'dan ni'n joinio chi?'"

Jack: "Hen bobol oeddan nhw i gyd, rhan fwya…"

Mairwen: "*Including me…*"

Jack: "A'r gŵr yn dod i fewn i'r *room* ac o Sir Drefaldwyn oedd o. 'O lle 'dach chi'n dŵad?'

'O Llangynog.'

''Dach chi'n nabod Jones Blaenycwm?'

'Dyma fo yma,' medde hi, a fo oedd ei gŵr hi.

"Ers talwm, yn Ffarm Bwlchglas, chi'n gwbod am ddefaid wintro? O'n nhw'n cered nhw bob cam, o Llangynog, drost y Berwyn, ew, rhyw *forty miles*. Oedd wyth cant i gychwyn, ond bo nhw'n rhannu nhw i'r ffermydd wedyn ar hyd y

ffordd. Pum mlynedd yn hŷn na fi oedd o, a o'n i ddim 'di ei weld o ers pry'ny."

Rwy'n gofyn i Rhian a yw hi'n cofio'r drafodaeth CB gyntaf gyda Mike, ond mae hi'n dechrau cochi ac mae pawb arall yn dechrau chwerthin eto. Oedd gan Rhian *handle*?

Rhian: "Oedd…"

Mae Rhian yn cochi mwy, yn newid lliw o fefusen i fafonen.

Mairwen: "'Ladybird' oedd hi!"

A beth oedd Mike?

Rhian: "Dwi ddim yn meddwl dylswn i ddeud… 'Pluto'… 'Pluto' oedd Mike…"

Jack: "'Red Buzzer' oeddwn i! Am 'mod i'n mynd fel y diawl, medde nhw!"

Ifor: "Oedd Dad efo CB yn y fan i gychwyn… O'n i'n parco'r fan ger y *railway*, oedd fan'na i gyd yn agored, ac o'n i'n siarad â pobol ar y CBs."

Yn ôl yn y saithdegau cynnar oedd hyn. 'Smart 1' neu 'The Flying Ford' oedd rhai o'r enwau gafodd Ifor yn ei amser, gyda dwy lori wahanol. Ymhlith yr enwau eraill mae'r teulu yn eu cofio yn yr ardal mae 'Grasshopper', 'Double

Top', 'Rambo' a'r 'Hot Roller', un o fois y tarmac.

Ydy'r Hanmers, felly, yn gwybod o ble daeth yr enw Rhewl?

Rhian: "Wel, fuodd 'na lot o borthmyn o gwmpas fan hyn…"

Jack: "Y dafarn sydd fan hyn, y Drovers, roedd dynion yn cludo gwartheg o Sir Fôn i Lundain yn galw 'na…"

Does dim ateb pendant, ond mae pawb yn gytûn nad yw 'hewl' yn air sy'n naturiol i'r ardal yma, a does neb yn rhy sicr o ble daeth yr enw. Lôn neu ffordd sy'n naturiol i'r ardal yma, yn ôl yr Hanmers.

A beth sy'n denu teulu'r Hanmers at fyd y loris?

Jack: "Dwi 'di cael llond bol rŵan!"

A rhagor o chwerthin.

Mairwen: "Ni jyst yn lori *mad*!"

Rhian: "'Dan ni 'mond yn gwbod loris, on'd dydan?"

Mae'n rhaid i ni symud yn gyflym erbyn hyn er mwyn cael lluniau o bawb ar yr iard. Rwy'n cael llun o'r tri gyda Mairwen ar y soffa cyn i ni ruthro o'r tŷ. Dyw Mairwen ddim yn teimlo y dylsai hi fod yn y lluniau, ond rwy'n dweud wrthi y bydd hi'n eitha anodd i fi ei chadw hi allan o'r cyfweliad a bydd pawb sy'n darllen yn ceisio dyfalu pam nad yw hi yn y llun. Felly mae hi'n cytuno, gyda pherswâd pawb arall.

Tua diwedd ein sesiwn luniau ar yr iard daw Mairwen i'r golwg eto. Mae hi wedi ffonio Ifor yn barod ers i ni fod yma, yn poeni am y llanast ac yn gofyn i Ifor i ofyn i fi beidio â thynnu lluniau. Byddwn i wedi meddwl y byddai Mairwen wedi hen roi'r gorau i boeni am y llanast ar yr iard ar ôl yr holl flynyddoedd gyda Jack a'i loris, a nawr Ifor a Rhian. Ond rwy'n meddwl efallai fod Mairwen yn eitha mwynhau'r llanast yn ei ffordd ei hun.

Rwy'n rhuthro eto, o un canolfan gwych Bois y Loris yn Rhewl i un arall, wrth i'r haul ddiflannu. Yn ôl Mandy yn swyddfa cwmni cludiant L E Jones, dydd Sul yw'r unig ddiwrnod pan fydd yna loris ar y clos. Roeddwn i wedi gobeithio bod yno cyn iddi dywyllu. Roeddwn i wedi gobeithio tynnu lluniau cyn iddi ddechrau arllwys y glaw.

Ond mae'r croeso cynnes a chwmni hwylus yr Hanmers yn golygu fy mod i ar y clos ar gyrion Rhewl yn y tywyllwch a stecs y glaw, yn ceisio tynnu lluniau o loriau L E Jones wrth i'r gwyll droi'n ddüwch pur.

"Excuse me, what are you doing?" medd dyn mewn crys ar ôl rhyw ddeg munud o hyn.

"I'm writing a book about Welsh lorry drivers," rwy'n esbonio. "It's alright – I got permission from Mandy in the office."

"Yes, right, it's just that most people don't take pictures of lorries here in the rain at night."

Dwi ddim yn siŵr iawn sut i ymateb i'r pwynt dilys yma, ond mae e 'di cael digon o'r glaw erbyn hyn, ac yn mynd yn ôl fewn i'r swyddfa. Dwi 'di cael digon o'r glaw hefyd. Nôl â fi i'r stabl ger Llangollen, gan obeithio darganfod rhywle ar agor yn hwyr ar ddydd Sul sy'n gwerthu coed tân sych a *firelighters*. A choffi twym!

Hoff lori Foden Ifor. Enw gwraig a phlant un o'r gyrwyr eraill sydd ar y lori

Robert **John** Owen

Swydd **Gyrrwr lori HGV, M E Edwards, Llanfair Caereinion**
Cartref **Llanfair Caereinion, Sir Drefaldwyn** Rhif Bois y Loris 158
Oedran **64** Gyrrwr lori am **27 mlynedd**
Lori **Leyland DAF XF480** Pŵer **480 nc**

Mae'r A483 o'r Waun i'r Trallwng yn ffordd fendigedig i ysbïwr lorïau, yn enwedig ar ddydd Llun pan fydd y mart ymlaen yn y Trallwng. Dyma ffordd y ffin! Yn dilyn A5 hanesyddol Thomas Telford i gychwyn y daith, rwy'n croesi'r ffin o Sir Ddinbych i Wrecsam, ac yna i Loegr. Wedi hynny, mae'r ffin ei hun yn gwthio yn ôl i mewn i Gymru, sy'n golygu taith fer trwy Loegr cyn croesi'r ffin deirgwaith eto ger Llanymynech.

Ond am enwau Cymraeg, mae'r ardal hon yn ddiddorol iawn: Morda, Trefonnen, Hengoed, Pant-glas, Pentre-clawdd, Treflach, Llanyblodwel a Pant. Dyma enwau'r pentrefi o gwmpas Croesoswallt – tir y porthmyn.

Ar hyd y ffin, i'r chwith o'r ffordd, fe welwch Breidden Hill a Long Mountain yn eich tywys tuag at Drefaldwyn.

Ac wele'r porthmyn cyfoes ger y Trallwng – mae'r mart yn ei anterth yn y bore. Yna'r A458, a'r ffordd i Lanfair Caereinion drwy Gwm Golau. Petaech chi'n troi i'r dde o'r cyfeiriad hwn, mae yna ffyrdd yn arwain i Gwm Meifod, Coed Pendugwm a Nant-y-Meichiaid.

Dyma dir afon Efyrnwy hefyd, sy'n uchel ar hyn o bryd. Mae hi'n cychwyn ei thaith yn Llyn Efyrnwy, llyn a gaiff ei fwydo gan nentydd llethrau dwyreiniol y Berwyn. Afon Efyrnwy yw'r ffin rhwng Cymru a Lloegr, rhwng Llanymynech a Melverley, cyn iddi lifo i Loegr i ymuno gydag afon Hafren.

Dair milltir i'r gogledd o Lanfair Caereinion mae Mathrafal, hen gadarnle brenhinoedd Powys tan y drydedd ganrif ar ddeg. Yn Llanfair Caereinion ei hun mae John Owen yn byw gyda'i wraig, Enid.

Byddai John Owen wedi mynd i'r mart heddiw, mae'n siŵr, gan ei fod wedi gweithio ers blynyddoedd maith i gwmni cludiant M E Edwards, sydd wedi'i leoli ar gyrion Llanfair Caereinion. Ond yn y tŷ mae John heddiw – bu John yn sâl o'r gwaith ers dwy flynedd.

Brodor o Drefaldwyn yw Enid, o Lanfihangel-yng-Ngwynfa, ac mae'n 'bréf' cael clywed acen hyfryd Maldwyn eto. Hi sy'n fy nghyfarch wrth y drws, a hefyd yn fy mwydo gyda brechdanau ham maethlon wrth i ni wylio lorïau o'r

chwarel yn mynd heibio ar y ffordd. Bu'r chwarel leol yn brysur ers tipyn yn cludo cerrig i Lundain ar gyfer y Gemau Olympaidd.

O Lanuwchllyn y daw John yn wreiddiol. Cyfarfu'r ddau yn Ninas Mawddwy, mewn gwesty y cyfeirir ato fel 'Y Dolbrawdmaeth', er mai'r Red Lion oedd eu hoff dafarn.

Enid: "Ro'dd y Red Lion yn reit *popular* yn Dinas amser 'ny. A fan'ny gaethon ni ein *reception* priodas, ynde?"

Rwy'n ansicr sut i godi pwnc anhwylder John, ond mae Enid yn codi'r mater yn weddol sydyn.

Enid: "Mae 'di bod ar y *sick* ers dwy flynedd… Dyw e ddim yn edrych yn *sick*, nag ydi?"

John: "Mi ges i ryw hen *scare* bach, dwy flynedd yn ôl, on'd do?"

Enid: "*Cancer* oedd o, *cancer of the bladder*… a *arthritis of the muscle* yn y fraich."

John: "Mi es i gael rhyw *tests* a ballu, a mi ffeindiwyd hwn yna, yn y *bladder*… a dwi ddim 'di dreifio wedyn. Fi 'di cael triniaeth… wedyn bydd rhaid cael rhywbeth i neud erbyn y gwanwyn ma'n siŵr… ond dyw cryfder y *muscle* ddim fath ag oedd e. Ma'r law dde,

yr ysgwydd, os oes tamaid bach o straen, mae e'n boenus…"

Enid: "Un diwrnod, o'n i 'di mynd i'r Steddfod yn Caerdydd, a galwodd y *grandson* heibio. 'Ma rhywbeth y mater efo Taid,' meddo fo. A wedyn ddaru o neud *appointment* i ti, on'd do?"

Mae'n beth da, felly, fod Daniel wedi galw i weld ei daid y diwrnod hwnnw. Pedwar o blant sydd gan Enid a John. Geraint Wyn Jones yw'r mab lleol, yn byw ar gyrion Llanfair Caereinion gyda'i wraig, Eleri. Cneifio yw ei waith, a bydd yn mynd i Norwy i weithio'r bore trannoeth. Bydd yn mynd i Seland Newydd cyn hir hefyd.

Mae Christopher Huw Jones yn byw ger Tregaron, yn ffermio ŵyn a gwartheg eidion gyda'i wraig, Jean. Daw Jean o ardal Bridlington yn Swydd Efrog a chyfarfu'r ddau yma yn y coleg amaethyddol yn Aberystwyth. Athrawes yw Buddug Jones-Cole ac mae'n byw yng Nghaerdydd gyda'i gŵr, Neil Cole.

Yn Seattle mae Nerys Jones yn byw ers pum mlynedd bellach, gyda'i gŵr, Matt Stermer, sy'n Americanwr. Bu hi'n gantores opera a chystadlodd hefyd ar

Cân i Gymru. Yn yr Iseldiroedd y cyfarfu'r ddau yma wedi i Nerys dreulio chwe blynedd yn Glasgow a blwyddyn yn canu yn Llundain.

Enid: "Gaeth hi job gyda'r *International Opera* – un o'r *main parts*… Wedd hi'n ddé hefyd. Pan mae hi'n neud rhywbeth, mae'n gorfod fod yn iawn. Ni'n gobeithio'u bod nhw'n dod yn ôl nawr, cyn i'r plant gychwyn ysgol uwchradd."

Jones yw enw'r plant, am fod Enid wedi bod yn briod o'r blaen, ac yn byw ar y pryd gyda'i gŵr ar gyrion Llanfair Caereinion.

Enid: "Oeddwn i'n byw ar ffarm ar y top. Ges o'i lédd efo tractor… a 'dan ni fan hyn ers *nineteen seventy-five.*"

Er mai yn ardal y Bala y cafodd John ei fagu, mae'n mwynhau byw yn Sir Drefaldwyn.

John: "Wrth gwrs, mae'r ardal yma dim ond chwe milltir dros y ffin… ar y terfyn, y'ch chi'n cael y ddwy ochor. Mae o'n gymysg, y Gymraeg a'r Saesneg, so mewn ffordd os dewch chi fewn i fan hyn, ma pwy bynnag sydd ddim yn deall rhyw lawer o Gymraeg yn gallu cael sgwrs, ynde? Ond unwaith chi allan yn y wlad mae hi yn Cymreigio dipyn."

Cymraeg oedd John yn ei siarad gyda Richard Edwards, sy'n rhedeg cwmni cludiant M E Edwards bellach, er mai Saesneg oedd iaith weithredol y cwmni gan amlaf. Cychwynnodd y cwmni teuluol yma gydag un fan yn gwerthu ŵyn yn lleol, cyn datblygu'n ddau gwmni gwahanol, y naill yn gwerthu ŵyn a'r llall, y cwmni cludiant, yn tyfu allan o'r angen i gludo'r ŵyn. Robin Edwards sefydlodd y cwmni yn 1960 gyda'i fam Marjorie Elizabeth. A dyma darddiad yr enw M E Edwards.

John: "Ma 'di helpu llawer un mewn gwaith dros y blynyddoedd. Ma 'di bod yn reit gefnogol efo'r bobol lleol."

Pa lorïau fu John yn eu gyrru i M E Edwards?

John: "Scania 111 – ges i honna am sbelen go lew. Ges i Scania 112 wedyn, gyda cab tipyn llai, ond jyst mor *powerful*. Wedyn ges i Leyland DAF, a Leyland DAF fuodd hi hyd 'bennais i… Oedd y treilyr yn tair *deck* i gychwyn, yna i fyny i bedair…

"Oedd angen pigo fyny yn y farchnad a mynd lawr i'r lladd-dai, neu dod adre i'r buarth, a llwytho wedyn yn gynnar yn y bore a mynd i'r lladd-dy. Gwaith ŵyn tew'on oedd y prif waith. Ond roedd 'na lot o waith ffermydd hefyd, ynde, yn cario o'r ffermydd i'r lladd-dai…"

Ar un pryd, byddai John hefyd yn gwneud tipyn o waith cludo i Wlad Belg neu Sbaen.

John: "O'n i'n mynd o dydd Llun tan ddydd Gwener. Bydden i yn trio stopio rhywle cyfleus, fel basen i'n gallu cael bwyd wedyn ar ôl codi, mewn *lay-by* yn rhywle, a paned… Ond does 'na ddim cymaint o'r llefydd 'ny o gwmpas ag oedd 'na…"

Oedd gan John ei enw ei hun ar y CB?

Enid: "'Taffy' siŵr oeddan nhw'n galw ti yn aml iawn, ti'n cofio?"

John: "'Randy Rabbit' oedd un enw, fi'n siŵr… pam dwi ddim yn gwbod…"

"Hw, hw, hw…" Dyma Enid yn ffrwydro i ryw dân gwyllt o chwerthin, yn dylluan afreolus, lon.

Enid: "Oeddet ti ddim yn mynd yn *fast* iawn, na? Ti mwy fel *tortoise* rŵan… hw, hw, hw!"

'Dragonfly' yw enw CB Dai, brawd John, am ei fod yn hoff o bysgota. Yng Nghorwen mae Dai Owen yn byw, nid nepell o gerflun newydd Owain Glyndŵr a hefyd canolfan Ifor Williams a'i dreilyrs. Mae Dai hefyd yn aelod o Glwb Bois y Loris ac rwy'n cael ei rif gan Enid.

Mae Dai a'i fab Arwyn yn gyrru yn y coedwigoedd. Dyna'r unig swydd yrru arall mae John wedi ei gwneud hefyd, ar wahân i gludo gyda M E Edwards. Am ddeng mlynedd cyn iddo gychwyn gyrru'r lori da byw, bu'n symud y coed o'r goedwig i ochr y ffordd er mwyn i rywun fel ei frawd Dai gludo'r coed o'r lle hwnnw ar hyd y ffyrdd cyhoeddus.

Mae Dai yn dal wrth ei waith, ond sut mae John wedi ymdopi gyda'r newid yn ei fyd?

John: "Wel, wedi bod ers dwy flynedd, mae o'n… mae o'n anodd iawn cael… ailgydio ynddi eto. Ond dwi 'di dechre licio'r amser hamdden 'ma rhyw ffordd. Fi'n teimlo bo fi 'di neud fy *apprenticeship* mewn ffordd…"

Enid: "Dim wyth neu naw awr y dydd oedd hi! Roedd hi'n bymtheg awr…"

John: "O'dd hi'n bymtheg awr y dydd bob dydd…"

Rwy'n cynnig i John efallai fod ei fraich yn ei rybuddio iddo wneud llond ei fywyd o waith yn barod a'i bod hi'n amser am hoe. Wedi'r cyfan, fe fydd John yn chwe deg pump ddiwedd y flwyddyn.

John: "Yndi, mae o'n rhyw *warning* bach, yndi… Doedd o ddim yn waith caled, ond 'dach chi ar y *go* o hyd, ynde? A ma'n dipyn o gyfrifoldeb pan chi'n mynd lawr â rhyw bump cant o ŵyn tu ôl i chi, tipyn o gyfrifoldeb… Ac os yw pob oen yn costio rhyw saith deg punt yr un, ac yna gwerth y lori hefyd ynde?

"S'da chi ddim amser i feddwl am ddim byd arall, dim ond beth sy o'ch blaen chi, beth sy ar y ffordd a beth sy tu ôl i chi, ynde? Na, dwi ddim yn colli hi, ond yr amser pan oeddwn i yn ei neud hi, roedd hi'n reit ddiddorol, ynde?"

Ar ôl gadael John ac Enid, rwy'n ymweld â'r fferm leol sy'n ganolfan i gwmni cludiant M E Edwards. Mae'n lle braf, tawel a byddai'n anodd iawn i'w ddarganfod oni bai am y cyfarwyddiadau manwl ges i gan John. Cynigiodd John hefyd restr o *truckstops* i fi, gan gynnwys Llynclys, Gledrid, ac un arall, sy'n hen dafarn goets, ar y ffordd rhwng Corwen a Llangollen. Fe fydd John yn dal i alw mewn *truckstop* cyfleus ar y ffordd i Gaerdydd gydag Enid ar adegau.

O ganolfan tawel M E Edwards rwy'n dilyn yr A458 eto, yn ôl i'r Trallwng, i weld rhai o lwythi olaf y dydd yn gadael y farchnad da byw tra bo'r haul yn machlud.

L E Jones Cyf.

Swydd Cludwyr rhyngwladol
Cartref Rhuthun, Sir Ddinbych

Mae safle gwe L E Jones yn eang a chynhwysfawr. Fe gewch chi hyd yn oed dudalen farchnata, yn gwerthu hetiau, crysau a modelau Corgi L E Jones, yn ogystal â gwybodaeth fanwl am y gwasanaethau helaeth mae'r cwmni yn eu cynnig. Uniaith Saesneg yw'r safle, ond mae yna gyffyrddiadau Cymraeg amlwg, gan gynnwys yr arwyddair: 'Peidiwch â meddwl am neb arall, dewch at y gorau.'

Sefydlwyd y cwmni yn 1975, ar y fferm deuluol, cyn symud i'r safle newydd ar Brickfield Lane, rhwng Rhewl a Rhuthun, yn 1992. Fel Mansel Davies, mae hwn yn gwmni mawr, sefydledig, ac un sy'n allweddol i economi draddodiadol yr ardal. Mae L E Jones yn cynnig gwaith i nifer o'r trigolion lleol, a

hefyd yn cynnig llu o wasanaethau, yn ogystal â'r gwasanaethau cludiant. Dyma un arall o fwystfilod mawr y diwydiant cludiant Cymreig.

Ar y safle presennol yn Brickfield Lane, mae yna 60,000 troedfedd sgwâr o storfa nwyddau, gwasanaeth gwerthu gwellt a gwair a chanolfan MOT i lorïau.

Fel rhywun sydd wedi bod wrthi ers rhai dyddiau yn ceisio trefnu cyfweliad gyda rhai o Fois y Loris, rwy'n meddwl fy mod i mewn lle da i allu cydymdeimlo gydag Eirys Jones. Hi sy'n rhedeg cwmni L E Jones gyda'i gŵr, Trefor. Ni'n dechrau trwy drafod sut mae'r llyfr yn dod yn ei flaen.

Rwy wedi dechrau disgrifio'r profiad fel "treio trefnu bag llawn cathod". Chwerthin yn dawel yw ymateb Eirys i'r cynnig yma. Wedi i ni gadarnhau mai fi oedd y ffŵl

a fu'n tynnu lluniau yn y glaw nos Sul, ry'n ni'n barod i gychwyn y cyfweliad.

Eirys a'i gŵr, Trefor, ddatblygodd y busnes yma, gyda Trefor yn tueddu'n naturiol at yr ochr yrru a mecanyddol ac Eirys yn canolbwyntio ar waith swyddfa a'r trefniadau di-ri ar gyfer cwmni o'r maint a'r cymhlethdod yma.

"Ddaru'r gŵr ddechre efo un lori. Oedd o'n ffermio yn yr ardal yma, ac aeth ag un llwyth o wellt un diwrnod a gwerthu honno, yna mynd yn ôl y diwrnod wedyn i gael rhagor…"

Bu Eirys yn ysgrifenyddes cyn iddi briodi Trefor, a hi sy'n gofalu am gyfrifon y cwmni ac am reoli'r *traffic office* ble mae'r trefniadau ar gyfer pob llwyth yn cael eu cadarnhau a'u trosglwyddo i'r gyrwyr.

"'Dan ni 'di torri lawr, oedd 'na dros cant o bobol yma. Ond ma pris y diesel 'ma yn cael effaith mawr…"

Mae'n drefniant cymhleth iawn, wrth gwrs, ac mae rhan helaeth o'r gwaith bellach yn cael ei wneud gan gyfrifiaduron. Mae yna *tracker* ar bob lori sy'n dilyn lleoliad y lori bob cam o'r daith, a system gyfrifiadurol sydd hefyd yn gadael i'r gyrwyr wybod manylion eu taith ac unrhyw newidiadau i'r drefn. Faint o rybudd fydd ei angen, felly, er mwyn trefnu llwyth?

"Diwrnod neu ddau ar y mwya. Yn aml iawn 'dan ni'n gorfod newid pethe, ond ni'n rhoi lot o lwythi i ffwrdd hefyd…"

Byddech chi'n dychmygu efallai fod cwmni fel hyn hefyd yn darparu SatNav i yrwyr, ond dyw L E Jones ddim yn gwneud hynny.

"'Dan ni ddim 'di rhoi SatNavs yn y loris. Hwyrach fod gynnon nhw rhai eu hunain, ond 'dio ddim yn gyrru chi ffor' iawn bob tro…"

Merch fferm yw Eirys, ac fel ei gŵr cafodd ei magu ar fferm leol. Mae'r ddau wrthi yn ffermio gwartheg eidion o hyd, yn ogystal â rhedeg y cwmni cludiant, felly mae'n amlwg fod y ddau yn weithgar iawn.

"Mae pobol sy'n dod o ffermydd, dwi ddim yn gwbod… maen nhw'n wahanol i bobol y dref rhywsut, yn fwy parod i weithio."

Er mai ystafell gyfarfod gyfoes i gwmni mawr rhyngwladol yw hon, mae yma hefyd ryw fath o deimlad 'ystafell orau' gartrefol. Ar y muriau mae yna luniau o hanes cwmni L E Jones, ond mae'r rhyfeddodau mwyaf mewn pentwr ar silff lyfrau syml. Fan hyn mae casgliad anhygoel Cerian, ffotograffydd answyddogol y cwmni.

Mae yma gannoedd, os nad mil, o luniau mewn amrywiaeth o gyfrolau. A nawr mae'r ferch fferm yn Eirys yn amlygu ei hun, ac mae hi'n fy ngadael i gyda'r lluniau tra'i bod hi'n trefnu paned o de. Gan gychwyn yn 1991, mae yma ugain mlynedd o hanes gweledol cwmni L E Jones.

Dyma Scania 113M, gyda'r rhif cofrestru F258 UFV. Dyma lun o hen Scanias ac ambell Volvo F86. Dyma gwpwl o lorïau Pritchard Bros o Gaerwen wedi i L E Jones brynu'r

Rhuthun yn y glaw

cwmni. Bu yna gryn dipyn o Volvos yn 1993/4. Dyma loris bêls o '93/4.

"Scanias 'dyn nhw rhan fwya. Gaethon ni Mercedes rhyw dro. Gaethon ni ddêl da ar y pryd, ond ers hynny Scanias, a Scanias ar y cyfan i ddweud y gwir. Ma'r gŵr yn licio Scanias."

Yng Nghroesoswallt mae'r asiant Scania sy'n darparu Scanias i'r cwmni. Trefor sy'n ymwneud gyda'r lorïau fwyaf, ond mae Eirys wedi gyrru lori ar adegau, pan fydd angen. "Ocê" yw ei barn hi ar sut beth yw lori i'w gyrru, ond mae'n siŵr bod Eirys wedi dysgu gyrru tractor yn ifanc.

Cabiau cysgu, neu *sleeper cabs*, yw pob lori tractor sydd gan L E Jones bellach, a hynny am mai dim ond amser prin iawn mae'r lorïau yma'n ei dreulio ar y clos. Ar y nos Sul, doedd 'mond rhyw saith neu wyth yna, ac roedd y rhain i fod ar y ffordd hefyd. Erbyn y dydd Iau canlynol, prin yw'r arwyddion fod cwmni cludiant yma, heblaw am ambell dreilyr yn pendwmpian ar yr iard.

Wrth gwrs, i gasglwyr modelau, nid cab y lori sy'n bwysig bob tro, yn enwedig pan y'ch chi'n trafod traddodiad cludiant da byw L E Jones. I rywun fel Eifion Cwmsychbant, treilyr y *cattle truck* sy'n ei ddenu at L E Jones. Rwy'n gweld amryw o esiamplau o'r treilyr da byw eiconig yma yn y lluniau, ond faint o'r rhain sydd gan y cwmni o hyd?

"Ar y funud sgynnon ni ond chwech. Fuodd dau ddeg chwech. Does 'na ddim cymaint o ddefaid na gwartheg yn cael eu symud."

Cafodd clwy'r traed a'r genau effaith drychinebus ar ddiwydiant cludiant da byw Cymru, a dyw'r ochr yna o'r busnes heb adfywio yn sylweddol ers hynny.

Does yna ddim patrwm i pryd mae'r lorïau yn cael eu newid am rai newydd. Ar glos L E Jones mae'r gwaith cynnal a thrwsio yn cael ei wneud, ac mae'r lorïau'n cael bywyd hir cyn cael eu cyfnewid am fodel newydd, ond gan sicrhau ar yr un pryd fod lorïau'r cwmni yn cyrraedd safonau'r Undeb Ewropeaidd ar allyriadau. Mae tri mecanic yn gweithio'n llawn-amser ar y safle, ac mae'r cwmni hefyd yn gallu

trwsio lori ar y ffordd os oes yna broblem yn yr ardal.

Pryd, felly, mae'r wythnos yn cychwyn i gwmni L E Jones? Pryd mae'r newid o dawelwch y clos gwag i fedlam llwyr yn digwydd?

"Ma nhw'n mynd a dod ar wahanol amserau, bob awr o'r dydd a'r nos. Mae'n siŵr mai o nos Wener i fore Sadwrn sydd fwyaf prysur yma…"

Fe fydd y cwmni hefyd yn cynnal rhyw ddefodau blynyddol sy'n rhan annatod o'r gymuned leol erbyn hyn. Bob diwrnod Nadolig, bydd y lorïau i gyd yn cael eu trefnu'n daclus ar y buarth er mwyn cael tynnu lluniau. Dyma'r unig ddiwrnod o'r flwyddyn pan fydd y lorïau i gyd gyda'i gilydd.

"Pob Nadolig oeddan ni'n parcio'r loris i gyd, pob un wedi parcio'n daclus, ac wedi eu golchi'n lân. Ac o'dd pobol y wlad yn dod â'u plant yma i dynnu lluniau o'r loris. Mae'n ddydd braf os y'ch chi'n hoff o lorïau…"

Mae yna luniau hefyd o'r carnifal yn Rhuthun, sy'n ddigwyddiad blynyddol arall i'r cwmni. Efallai y bydd yna gymaint â thair lori

Cerian gydag un o yrwyr
L E Jones, o gasgliad archif L E Jones

Eirys Jones ar fuarth y
fferm yn Rhewl, eto o
gasgliad archif L E Jones

L E Jones wedi'u benthyg i ysgolion neu grwpiau ieuenctid lleol ar gyfer yr achlysur.

Oes yna bobl eraill weithiau yn dod i weld y lluniau yma yn y cyfrolau?

"Oes, ambell un, 'dan ni'n cael ambell *lorry spotter* yn dod yma weithiau. Ma nhw o drost y wlad i gyd, a 'dan ni'n cael llythyron yn gofyn am ryw *d-shirts* neu rywbeth…"

Mae Eirys, wrth gwrs, yn wybodus iawn am amrywiaeth ryfeddol o elfennau o'r diwydiant cludiant, gan gynnwys manylion iechyd a diogelwch y cabiau, rheolau allyriadau Ewropeaidd, systemau cyfrifiadurol a chydlynu gyda'r gyrwyr eu hunain. Ond oes gan Eirys unrhyw ddiddordeb mewn lorïau tu allan i'r gwaith?

"Nag oes… i ddweud y gwir, nag oes. Ma nhw'n neud y gwaith a dyna fo…"

Ac fel rhywun Cymraeg ei hiaith o'r ardal, ydy Eirys yn meddwl fod y diwylliant iaith Gymraeg wedi newid yn yr ardal ers ei magwraeth hi?

"Pan oeddwn i'n mynd i'r ysgol,

Eirys Jones

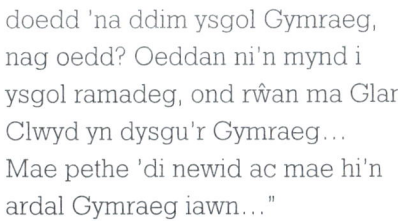

doedd 'na ddim ysgol Gymraeg, nag oedd? Oeddan ni'n mynd i ysgol ramadeg, ond rŵan ma Glan Clwyd yn dysgu'r Gymraeg… Mae pethe 'di newid ac mae hi'n ardal Gymraeg iawn…"

Yn anffodus, er ei bod hithau, fel yr Hanmers, wedi ei magu yma, dyw Eirys ddim yn gallu esbonio tarddiad yr enw Rhewl chwaith. Ond mae hi, fel yr Hanmers, yn cytuno nad yw'r esboniad 'yr hewl' yn gwneud llawer o synnwyr yn yr ardal yma. 'Ffordd' fyddai Eirys yn ei ddweud am 'hewl'.

Ymhlith yr holl luniau mae yna amrywiaeth o luniau o yrwyr a'u cariadon, neu ffrind, neu aelod o'r teulu, yn sefyll, yn gwenu, o flaen lorïau L E Jones.

Dyma lun o Eirys yn ifanc ar fuarth y fferm, ei gwallt yn fflamgoch a gwên ar ei hwyneb. Dyma Eirys gyda Trefor, y gŵr, ar achlysur benthyg lori ar gyfer priodas un o'r gyrwyr. Ac mae yna un ferch arall yn ymddangos yn rheolaidd, ac yn troi o ferch i ddynes ar hyd y cyfrolau. Mae hi'n f'atgoffa mewn rhyw ffordd o'r llun o Eirys yn ifanc, ac nid rhyfedd

yw hynny gan mai Cerian yw nith Eirys a Trefor.

Oes yna apêl i'r gwaith o hyd erbyn hyn?

"Na, baswn i yn licio riteirio… Mae'n oriau hir am saith diwrnod yr wythnos, ac mae'n lot fawr o gyfrifoldeb ar ddiwedd y dydd…"

Rwy'n gyrru yn ôl i Langollen dros Fwlch yr Oernant, yn aros mewn mannau i wrando ar y tirlun neu hen ddyn yn dysgu ci defaid ifanc. Rhyw hanner ffordd i fyny llethrau Cyrn-y-Brain, rwy'n aros eto i dynnu lluniau o lori anferth Volvo o'r chwarel leol, ger gwesty rhyfedd y Ponderosa. Dyma ardal i fynd ar goll ynddi a dyna dwi'n ei wneud, wrth i'r gwyll gau am y car, gan grwydro'n ddigyfeiriad ar hyd dyffryn arbennig Glyndyfrdwy.

Dic (John Richard) Owen

Swydd Gyrrwr lori HGV, Hewden, Rhiwabon, Wrecsam
Cartref **Tywyn, Conwy** Rhif Bois y Loris **39**
Oedran **64** Gyrrwr lori am **43 mlynedd**
Lori **Scania P270** Pŵer **270 nc**

Pan mae Dic Owen yn glanio ar fuarth cwmni Hewden ar ymylon Rhiwabon, mae e newydd fod i gasglu'r offer trwm ar y lori o Gaer, Wrecsam a Threffynnon, ac fe fydd yn gadael eto'n fuan i gasglu Jac Codi Baw o'r Amwythig.

Dic sy'n llwytho a dadlwytho y *low-loader* yn ogystal â'i yrru. Peirianwaith trwm ar gyfer adeiladu neu'r ffyrdd yw'r rhan helaeth o'r llwythi, ac mae'n ymddangos yn waith corfforol a hefyd yn waith lle nad oes amser i'w golli. Felly rydyn ni'n tynnu lluniau ac yn siarad wrth i Dic barhau gyda'i waith, cyn cael cyfle am glonc sydyn a phaned yn ystafell fwyta'r safle.

Mae Dic wedi paratoi pecyn swmpus sy'n olrhain ei hanes ond sydd hefyd yn cynnwys ambell erthygl o waith Dic a phentwr o luniau. Felly dyma ni yn ceisio cywasgu hanes ei brofiadau, ei ddiddordebau a'i athroniaeth ar fywyd i sgwrs fer iawn. Fe fydd hyn yn dipyn o dasg gan fod Dic wedi byw bywyd Bois y Loris i'r eithaf.

Fe'i ganwyd yn Wrecsam ac fe'i magwyd yng Nghynwyd ger Corwen. Yna aeth y teulu i Ddonfanau ger Tywyn, gan ddilyn gwaith tad Dic gyda'r fyddin. Aeth o'r ysgol ym Machynlleth i weithio yng nghoedwig Dyfi yn 1962. Llusgo coed â cheffylau oedd ei waith. O 1963 ymlaen bu'n gweithio ar y ffermydd canlynol: Tynrhos yn Bow Street; Doldeheuwydd ym Mryncrug; Cefn Coed Isa, Maenan, Llanrwst; Derwydd yn Llanfihangel Glyn Myfyr; a Caergroes ger Rhuthun.

Rhwng 1967 ac 1975 roedd yn gyrru lorïau am y tro cyntaf, yn ogystal â *bulldozer*, Jac Codi Baw a thractorau. Yn ystod y cyfnod yma cafodd yrru'r lorïau canlynol: Bedford TK, Bedford KM, Albion Reiver, Albion Clydesdale, Thames Trader a Leyland Mercury.

Dyma'i gyfnod yn gweithio gyda'r

Sylwer ar ei bentwr o fapiau

Brodyr Jones, Caergroes. Glyn Jones oedd un o'r brodyr, ond roedd yna ormod o bobl o'r enw Glyn Jones o gwmpas y lle felly roedd Dic yn gweithio gyda Glyn Scania, Glyn Leyland, Glyn Ffitar, Glyn Felin y Wig a Glyn Cofi.

Rhwng 1976 ac 1982 roedd wrthi'n gyrru moduron trwm Caterpillar, megis y D6, y D8 a'r D9. Rhwng 1982 ac 1999 bu'n gyrru i Dŵr Cymru. Unwaith eto roedd yn gyrru cyfuniad o foduron amrywiol, gan gynnwys Jac Codi Baw. Bu hefyd yn gyrru'r Ford D500, y Leyland Bison, Dodge, Bedford TM a Leyland DAF 65.

Yn 1999 ymunodd â chwmni Hewden, yn gweithio o Fodelwyddan a Rhiwabon, gan gychwyn ar yr IVECO Sweeper. Y dyddiau yma mae'n gyrru *low-loader* y cwmni yn llawn-amser o'r safle ger Rhiwabon.

Ymunodd Dic â'r Fyddin Diriogaethol yn Wrecsam yn 1971, ac roedd yn aelod o'r Ffiwsilwyr Brenhinol Cymreig tan 1997. Yn ystod ei chwarter canrif yno bu'n gyrru Bedford R, Bedford TK, MK 4x4 ac AEC Militant. Bu'n teithio i Gyprus, Gibraltar, yr Almaen, yr Iseldiroedd, Gwlad Belg a'r Unol Daleithiau yn hyfforddi newydd-ddyfodiaid ac fel swyddog ymarfer corff. Erbyn iddo ymddeol roedd yn Uwch-ringyll (*Sergeant Major*).

Mae bathodyn y Ffiwsilwyr Brenhinol Cymreig i'w weld ar ei het heddiw, a'r gair 'Cymru' yn amlwg yn ffenest y cab. Roedd ei dad yn Rhingyll gyda'r Ffiwsilwyr, ac roedd yn gyfrifol am drafnidiaeth yr ail gatrawd yn Burma.

Mae'n dal i gadw'n brysur tu allan i'w waith. Mae'r teulu yn bwysig iawn, ac fe fydd yn mynd i'r capel bob dydd Sul. Bydd yn rhedeg bob dydd hefyd, os yn bosib, ac mae'n mwynhau cyfrannu erthyglau achlysurol i gylchgronau fel *Fferm a Thyddyn* a *Llafar Gwlad*. Os oes yna amser, fe fydd e'n mwynhau mynd am dro hefyd ar y motorbeic. Mae'n aelod o Gangen Beic Modur y Llynges Frenhinol sy'n codi arian i gyn-filwyr.

"Mi fydda i'n chwe deg pump ym mis Awst, ond fydda i ddim yn ymddeol. Mae gynna i efeilliaid a ma isie cadw rheiny i fynd, ynde? A dwi wrth fy modd efo'r job 'ma.

Lori Dic ger Llyn Brenig

Hyd yn oed os basen i'n dod lawr o'r lori mawr, a mynd ar rhywbeth llai…"

Cyfrannodd hefyd i dudalen lythyrau *Truck & Driver* ym mis Rhagfyr 2008, yn trafod y cancr y cafodd driniaeth ar ei gyfer ar Noswyl Nadolig 2006. Dyma un darn o'i lythyr:

'As a lorry driver moving heavy parts, I was told I probably wouldn't be able to lift heavy chains, blocks, sprags and strainers and might not be driving lorries again. When I heard that, I thought b******s to that. I was back at work full-time in less than six months.'

"Ar ôl cael y llawdriniaeth, dyma fi yn neud tipyn o redeg ac yn cryfhau fy hun. O'n i'n lwcus – o'n i'n gryf a iach fy nghorff yn mynd i gael y llawdriniaeth, a des i at 'yn hun ynghynt, ynde? Ac ar ôl rhyw bythefnos, roeddwn i'n neud *press-ups* ac ati… Ond o'n i'n wan fel cath… Hwww… Mi ddoth, o dipyn i beth."

Difyr yw darllen erthyglau Dic. Mae un o'i erthyglau 'Cornel y Clasuron' yn *Fferm a Thyddyn* yn adrodd hanes y lori Bedford. Cawn hanes y cwmni a hefyd enwau rhai o gludwyr Cymreig y pumdegau a'r chwedegau. Ymhlith yr enwau mae Glyn ac Elwyn Jones o Gaergroes, Moi Huws Llanrwst, Clwyd Ellis Glasfryn a Tecwyn Roberts Cerrig. Mae Dic hefyd yn disgrifio'r hen dric cydag oriawr garddwrn er mwyn penderfynu a oedd gwely'r B&B yn llaith, yn y dyddiau cyn y cab cysgu. A chawn straeon difyr am Gymry Cymraeg yn crwydro Lloegr, ambell i un heb fawr o Saesneg, a'r llinell anfarwol, "Ai go to bed now, mai Inglish is finish!"

Ysgrifennodd erthygl ar hanes hir loriau Leyland a diwedd truenus y cwmni. Y Leyland gyntaf mae Dic yn ei chofio yw Leyland Hippo Jos Humphreys Aberdyfi. Roedd hon yn cludo cerrig o Donfanau i dde Cymru. Bu Ernie Jones yn gyrru Leyland Beaver i'r goedwigaeth yn Esgairgeiliog. Byddai Glyn Evans Mallwyd yn cludo gwartheg yn ei Commer QX a Defi Williams y Sgin, Machynlleth, yn gyrru heibio yn ei Leyland Comet 90 wrth iddo nôl blawd a bwydydd anifeiliaid o ddociau Lerpwl.

Yn ardal Llyn Brenig ger coedwig Clocaenog mae'r llun anhygoel welwch chi o Scania bresennol Dic, a hynny marcie deg y bore ar ddiwedd mis Ionawr 2009. Mae'r lori wedi teithio rhyw ddwy fil o gilomedrau yr wythnos, sef bron i hanner miliwn ers 2005.

"Dwi'n gwbod lle mae o'n iawn, achos dwi'n hoffi rhedeg a bydda i wrth fy modd yn cael amser i fynd fyny a rhedeg rownd Llyn Brenig…

"'Dan ni'n teithio'n bell rŵan, i lawr am y Canolbarth, tua Birmingham, bron bob wythnos, ynde? A Caerdydd rŵan – 'dan ni'n dechrau mynd lawr am fan'na. Maen nhw 'di cau sawl buarth ti'n gweld."

Yn ei erthygl 'Calendr y "White Settlers"' yn *Llafar Gwlad*, mae'n ymateb yn ddi-flewyn ar dafod i galendr Plwyf Llangar 2011. Hen ganolbwynt i Gymry'r hen Feirionnydd oedd Llangar, ac mae Dic wedi ei gythruddo gan fewnfudwyr yn camgyfieithu ac yn camddehongli hanes yr ardal ble y'i magwyd.

Y peth a'i cythruddodd fwyaf oedd fod 'Tai'r Gotel' yn troi yn 'The Otter' a'r enw hwnnw yn cael ei osod yn gamarweiniol ar Frynheulog, hen gartref Dic. Mae'n sôn am y porthmyn a ddeuai 'dros y mynydd' o Langwm a Cherrigydrudion dros Fwlch Cynwyd am yr Amwythig. Roedd Ffair Glame (Calan Mai) a Ffair yr Hydref yn ddau o uchafbwyntiau'r flwyddyn.

Mae'n cwpla ei erthygl trwy ddweud, 'Dyma rai o'r atgofion sydd gennyf o Gynwyd – dyma rai pethau na fedran nhw eu dwyn oddi arnaf.'

Mae'n edrych ymlaen yn arw at gael yr Eisteddfod Genedlaethol yn Wrecsam yn 2011, gan ei fod yn mynd i'r Eisteddfod yn flynyddol i ollwng offer trwm ar gyfer y safle.

"Dwi'n un o'r rhai gwaetha, i ddeud y gwir wrthach chdi, am gychwyn yn Saesneg, ynde? Ond dwi 'di mynd rŵan, pan fydda i yn mynd i'r siop yn rhywle, dwi'n dweud diolch yng Nghymraeg, ynde? A ma ambell i un o gwmpas ffor' hyn yn meddwl mai o Wlad Pwyl wyt ti… 'Dyn nhw ddim wedi arfer gyda rhywun yn siarad Cymraeg, ynde?

"Mae o'n dechre dŵad, achos fydda i yn mynd i'r archfarchnad rŵan ym Mae Cinmel, a ma'r merched, does yr un ohonyn nhw'n siarad Cymraeg, ynde? A ma 'na ddwy, dwi 'di dallt rŵan, yn dysgu Cymraeg, o achos y plant yn mynd i ysgol Cymraeg. A ma un, ma hi 'di dod reit dda, mae hi'n reit hyddysg i ddweud y gwir."

Ac o'r diwedd mae rhywun yn cynnig esboniad o darddiad yr enw 'Rhewl'. Nid 'hewl' yw tarddiad enw'r pentrefi Rhewl, yn ôl Dic, ond buarth fferm neu dyddyn. Yn nyddiau'r porthmyn roedd hi'n arferol i amryw o ffermydd gynnig llety i'r porthmyn a lloches i'r da byw.

"Os wyt ti fyny ochre Llanrwst, ma Rhewl yn fuarth ffarm. Yn enwedig yn Llanrwst, neu Sir Ddinbych, mae o'n fuarth ffarm, ynde…"

Mae'n sôn ychydig mwy am y gotel hefyd, sef darn o dir a fu'n eiddo i dafarn ar gyfer porthmyn a'u da byw.

"Mae rhaid fod o'n le i gadw anifeiliaid dros nos, cyn iddyn nhw fynd dros y top am Nantyr, ynde? Gair Meirionnydd ydy o, ond maen

nhw yn ei ddefnyddio fo yn Sir Drefaldwyn hefyd."

"Dwi'n cofio fo yn Cynwyd, oedd 'na gorlannau… A dwi'n cofio nhw'n tynnu nhw lawr a dechrau rhyw felin lifio, ynde? Yna doth y lein o Dremadog i Ddolgellau ac mi oedd o'n mynd trwy Cynwyd lle mae treilars Ifor Williams bellach. A doedd 'na ddim pwrpas i gael rhyw gotel wedyn nag oedd? O'n nhw'n mynd o'r ffermydd yn syth i'r lein…"

Cyn i Dic fynd i ddadlwytho a llwytho'r lori a gyrru i'r Amwythig, mae yna amser am un stori fach sydyn.

"Mae rhaid cael trwydded rŵan i ddangos *competence*, ynde. Ac oeddwn i ar y cwrs, a dyma nhw'n gofyn am *experience*, ac roedd y rhan fwya rhyw ddeg neu pymtheg mlynedd, ond o'dd un bachgen ifanc.

"'I dropped my first D6 on a low-loader,' medde fi, 'in nineteen sixty-six.' A dyma'r bachgen yma yn dweud, 'Bloody hell – my dad wasn't born then!'"

Dai (Dafydd Gruffudd) Owen

Swydd Gyrrwr lori, Timtex, Gledrid, Y Waun
Cartref Corwen, Sir Ddinbych Rhif Bois y Loris **249**
Oedran **67** Gyrrwr lori am **47 mlynedd**
Lori **Volvo FH16** Pŵer **610 nc**

Mae'r haul mas wrth i fi adael y stabl, yn drist i fod yn gadael y rhan yma o Gymru. Rwy'n gweld yr *aqueduct* am y tro cyntaf ac yn tynnu llun o honno o faes parcio yr Aqueduct Inn, gan ddyfalu a fuodd hwn hefyd yn gotel gynt. Rwy'n arafu wrth fynd heibio safle Froncysyllte A N Richards am y tro olaf.

Gyrrwr lori goedwigaeth yw Dai, a hynny ers pedwar deg pum mlynedd. Bu'n gyrru ers 1963, gan gychwyn yn gyrru da byw. Ond ers 1966 bu'n gyrru lorïau o'r coedwigoedd, yn symud coed i felinau papur neu *pulp* gan amlaf,

yn ôl y galw. Fel ei frawd John, cafodd ei fagu yn Llanuwchllyn.

"Oeddwn i'n cario glo i gychwyn, trwy ardal Llangollen a Llanuwchllyn. Doedd ddim *machines* i lwytho'r glo, rhaw oedd bob peth. Wedyn mynd ar y *livestock*, yn mynd lawr i Dover."

Ford D *series* oedd y lori gyntaf i Dai ei gyrru, ond y lori sydd ganddo nawr yw ei hoff lori. Fe fydd y lori nerthol Volvo yma yn cario 34 tunnell o goed, ac mae ganddi ei chraen ei hun ar ganol y treilyr. Dai hefyd fydd yn gweithredu'r craen i lwytho'r coed.

Mae angen i Dai adnabod

y gwahanol fathau o goed a sicrhau na fydd gwahanol goedydd yn cael eu cymysgu. Fe fydd e'n mynd i amrywiaeth o goedwigoedd, gan gynnwys Cynwyd ger Corwen, ble magwyd Dic Owen. Aiff hefyd i goedwigoedd Ceiriog, Clocaenog a Phenllyn ger y Bala. O'r fan hyn bydd coed yn mynd i'r Waun ger Wrecsam, neu Shotton, neu mor bell â Llanfair-ym-Muallt neu hyd yn oed Swydd Caint.

Cwmni Timtex yw ei gyflogwr. Adeiladu treilyrs arbenigol yw prif arbenigedd y cwmni, ond maen nhw hefyd yn cludo coed fel rhan arall o'r busnes. Mae Arwyn,

mab Dai, hefyd yn gyrru lorïau coedwigaeth i'r un cwmni. Ger Corwen mae Arwyn yn byw. Mae'r ddau'n pasio'i gilydd ar y ffordd yn rheolaidd.

Mae *gtw*, neu *gross tonnage weight*, y lori wedi ei llwytho yn 44 tunnell, ac mae'n 60 troedfedd o hyd, yn cynnwys y lori a'r treilyr. Mae gan Dai declyn Truckmate, ond fe fydd yn defnyddio hwn i edrych ar fanylion ei daith y diwrnod cynt yn hytrach na dibynnu arno yn ystod y siwrne.

"Ma'r lori yn dy erbyn di yn bob man, ond ti'n dod i arfer… Mae 'na rhai llefydd fyddai ddim yn mynd, llefydd uchel fwya. Dwi 'di cael fy nal unwaith. Ro'dd hi'n bwrw eira. O'n i 'di gorffen llwytho a o'dd pob man yn eira. Treio mynd nawr, dim byd. Dim signal ar y ffôn.

"Be dwi'n neud rŵan? Oedd hi'n dair milltir i gerdded. A dyma ffarmwr yn dod heibio… Fues i erioed mor falch o weld neb erioed…

"'Weitia munud, mi a' i adre i nôl tsaen…,' a tynnodd fi'n rhydd."

Elfed oedd enw'r ffermwr o Glocaenog a achubodd y dydd

y diwrnod hwnnw. Efallai fod yr achos yma'n enghraifft dda o ba mor ddefnyddiol mae'r radio CB yn gallu bod i yrwyr y coedwigoedd o hyd.

"Rŵan mae llai arni ac mae hi mwy defnyddiol, ynde? I rybuddio dreifars eraill, i wbod os y'ch chi'n mynd yn y coed a'ch bod chi'n cyfarfod eich gilydd, fedrwch chi ddim pasio. Mae'n *handy* iawn, iawn…"

'Dragonfly' oedd enw CB Dai, am ei fod e'n hoff o bysgota a hefyd yn clymu plu ei hunan. Ble fydd e'n mynd i bysgota?

"Y Dyfrdwy, ond dwi'm 'di bod ers tamaid rŵan. Llyn Brenig, Trawsfynydd, rhywle… Byddai'n mynd mewn pythefnos i fyny i Yorkshire, i ryw lyn bach yn fan'na. Llynnoedd fydd hi fwya."

Ac ydy Dai yn mwynhau Clwb Bois y Loris? Mae'n tawelu yn sydyn.

"Dwi'm 'di siarad 'da Geraint ers dipyn… Collais i 'ngwraig i jyst cyn Dolig… Ond dwi 'di cyfarfod gyda lot o'r Bois ar hyd y ffordd, ynde?"

Jillian Elizabeth Owen oedd enw gwraig Dai. Doeddwn i ddim

wedi meddwl codi'r pwnc yma gyda Dai. Roedd Enid, ei chwaer yng nghyfraith, wedi sôn wrtha i am ei golled cyn rhoi ei rif ffôn i mi ychydig ddiwrnodau ynghynt. Mae'r ddau ohonom yn ansicr ble i fynd nesaf, ac rwy'n gweld poen yn ei lygaid. Felly mae'r tâp yn cael stop i fi ysgrifennu ei henw yn ofalus, dan wyliadwriaeth Dai.

Rwy'n dechrau'r tâp eto, wedi i ni gytuno y bydd y botwm 'stop' yn cael ei wasgu os yw Dai yn anghyffyrddus eto. Rwy'n gofyn i Dai a oes unrhyw beth mae e am ei ddweud am ei wraig.

"Fuodd hi'n dioddef am saith mlynedd…" meddai, cyn mynd yn dawel a syllu i'r pellter. Ac mae'r tâp yn cael stop eto.

Ni'n ailgychwyn mewn tamaid ac rwy'n rhestru'r Bois eraill fydd yn y llyfr, ac yn dweud fod Dic Owen yn cofio ato. Mae'n clywed hanes y daith ac yn adnabod bron pawb ar y rhestr. Bu Dai yn mynd i'r sioeau lori ers talwm, ond ddim rhagor.

"Dwi 'di hanner riteirio erbyn hyn…"

Mae'n edrych ymlaen at wneud ychydig mwy o bysgota, pan fydd y tymor yn cychwyn eto yn y llynnoedd mawr, er dwi'n synnu clywed nad yw Dai yn hoffi brithyll hyd yn oed.

"Dwi'n rhoi nhw bant… Ma digon o bobol o gwmpas sy isio rhei… Ond gas gen i nhw!"

Awn am dro yn yr haul i weld ei anghenfil o lori. *Dinky toys* mae Dai yn galw lorïau fel y Volvo FH12, sef y lorïau tractor y bydd Jack Vaughan a Lyn Owens yn eu gyrru. Ac wedi gweld ei lori, allwch chi weld pam. Y Volvo FH16 yma oedd un o'r cyntaf yn y wlad ac mae'r gwaith dylunio ar y cab hefyd yn go arbennig. Thema Lychlynaidd sydd i'r cynllun, ond nid am unrhyw reswm penodol.

Mae 'Dai Mawr – Welsh and Proud' a 'Cymru am Byth' hefyd i'w gweld yn blaen yn ffenest y cab. Mae e wrth ei fodd gyda rygbi ac yn mwynhau Radio Cymru. Bu un o'i ferched yn ffonio tra 'mod i yn y tŷ, i weld fod popeth yn mynd yn iawn, ac mae yna alwad arall ar y ffôn symudol tra'n bod ni ar y buarth ger Corwen. Yr anthem genedlaethol yw *ringtone* Dai.

Wrth i ni gwpla tynnu lluniau o'r lori, mae dau gar yn parcio wrth ymyl ein ceir ni a dynion amheus yn dechrau trosglwyddo ieir o un car i'r llall. Mae Dai angen siopa, a dwi am fynd tuag at Gaernarfon, a noson braf a chinio gyda chwpwl o hen ffrindiau.

Rwy'n sôn wrth Dai fy mod i am alw yn fy hoff gaffi yng Nghymru, ym Metws y Coed, ac mae yntau'n nodi'r enw. Ond rwy'n ei rybuddio nad yw e'r caffi mwyaf cyfleus ar gyfer gyrrwr lori am ei fod i lawr ger y bont fechan a'r rhaeadrau.

Mae'n bnawn bendigedig wrth imi ddilyn yr A5 yr holl ffordd i Fangor. Trist yw ffarwelio â'r Ddyfrdwy, ond bendithiol yw gweld yr haul yn tywallt ar draws y pier ym Mangor. Rwy'n crwydro eto am ychydig, yn dilyn yr haul ar hyd glannau'r Fenai rhwng pontydd Menai a Britannia, yn rhyfeddu ar Eryri dan gwmwl, cyn anelu yn ôl trwy'r gwyll am Gaernarfon.

Dai Mawr

Aneurin Wyn Jones

Swydd **Gyrrwr lori, E M Armstrong, Penrhyn**
Cartref **Gwêl Mab Moi, Caernarfon, Gwynedd** Rhif Bois y Loris 82
Oedran **53** Gyrrwr lori am **35 mlynedd**
Lori **Volvo FM** Pŵer **440 nc**

Gwêl Mab Moi yw enw cartref Aneurin Jones yng Nghaernarfon. Ei bartner Sandra sy'n ateb y drws. *Morrisons View* yw Gwêl Mab Moi yn Saesneg – mae yna olygfa hardd o'r Fenai a'r archfarchnad o'r tŷ. Bu Aneurin a Sandra yn byw yma ers rhyw bum mlynedd.

Mae yna hanes amrywiol i'r tŷ, sydd wedi bod yn feddygfa, yn ddeintyddfa, yn dafarn a hyd yn oed yn gartref i'r henoed. Hyn sy'n esbonio pam mae yna wyth toiled a thair ystafell ymolchi yma. Pan ddaeth Aneurin a Sandra i weld y tŷ gyda rhieni'r ddau, roedd tad Aneurin yn cofio'r lle fel yr oedd pan fuodd yno ddiwethaf. 1957 oedd hi pry'ny, ar gyfer apwyntiad doctor gyda'i wraig, gydag Aneurin yn ei bol.

Dyma'i gartref, ond mae Aneurin wedi hen arfer â theithio'n bell gyda'i waith. Mae e wedi bod ar long am ddwy awr ar hugain, heb sôn am yrru'r lori ei hun. Mae e wedi bod i Wlad Groeg, Ffrainc, Gwlad Belg a'r Almaen ac amryw o wledydd eraill ar y cyfandir yn ei amser.

Oes ganddo declyn SatNav neu Truckmate i'w helpu tra'i fod e'n teithio'n bell?

"Ma 'na lot hefo fo, ond na, dim i fi, sori. Phillips Navigator 'di'r atlas. Mae o fath â Beibl i ni. Ma pawb yn y cwmni efo Phillips. Ti'n ffonio rhywun a deud dos i *page* be bynnag, a ma pob un efo'r un map. Ond pan ti ar y cyfandir, ti'n prynu map y wlad honno yn y wlad, dim unman arall…"

Fel sylwais i yng ngwasanaethau lori Gledrid, anaml y bydd gyrwyr Cymraeg yn aros mewn *truckstop* yng Nghymru neu hyd yn oed ar y ffin. Er mwyn cael y fantais orau o'r rheolau gyrru lori, fe fydd Aneurin, fel gyrwyr eraill Cymreig ar siwrne hir, yn teithio am hanner diwrnod cyn aros am ei baned neu frechdan gyntaf.

Bu Aneurin yn gweithio i gwmni L E Jones, yn cludo o Benygroes dros Brydain i gyd. Yna bu'n gyrru ar y cyfandir am ddwy flynedd a hanner. Daeth adref am ychydig wedi hynny, cyn mynd yn ôl i yrru ar y cyfandir gyda chwmni McGuire's. Yn y cyfnod yma, bu am amser maith yn symud cyfrifiaduron Dell o Iwerddon i Ffrainc neu'r Almaen neu Wlad Belg.

Yna daeth adref i weithio eto gyda chwmni Geraint Evans yn Ninbych. Bu farw Geraint Evans flwyddyn a

hanner yn ôl a bu Aneurin yn chwilio am waith. Mae'n gweithio'n llawn-amser yn ei swydd bresennol i E M Armstrong ym Mhenrhyn ers dros flwyddyn. Treilyr arllwys sydd i'r lori Volvo FM ac fe fydd yn cludo glo, calch, tywod neu giwana gan amlaf.

Mae'r ddwy lori L E Jones yn rhan o gasgliad modelau sylweddol Aneurin. Un o'r rhain oedd y cyntaf yn ei gasgliad. Mae'r casgliad wedi tyfu ers hynny. Cludwyr Cymreig, Albanaidd a Gwyddelig sy'n denu ei sylw gan amlaf a modelau'r cwmni Corgi yw'r mwyafrif.

"Mae'n hobi eitha drud. 'Dyn nhw ddim yn bethau rhad i brynu. 'Mond dechrau hel nhw a 'na fo… Y Scania efo'r *fridge* brynais i gynta."

Oes gan Aneurin ddiddordebau eraill?

"Wotsio Caernarfon yn chwarae rygbi… a Cymru! Mae mab y partner yn chwarae i Gaernarfon. Dwi'n mynd i'r Eidal wythnos nesa … dwi 'di bod dwywaith o'r blaen… ddim i'r gêm, ond mewn lori…"

Bu Aneurin a Sandra yn briod o'r blaen ac mae gan y ddau blant o berthynas cynt. Mae plant Sandra yn byw gyda Sandra ac Aneurin, ond dyw Aneurin ddim yn bell chwaith

o Caron ac Elis, ei blant yntau o'r briodas gyntaf, gan fod y ddau yn byw gyda'u mam yn Dinas.

O brofiad personol, rwy'n gwybod ei bod hi'n gallu bod yn anodd cynnal perthynas pan mae rhywun yn teithio yn gyson, neu bant o gartref am gyfnodau hir. Ydy Aneurin yn teimlo y gall hyn fod yn ffactor ym mherthynas gyrrwr lori?

"Ma gofyn i ti gael dynes dda… i gefnogi… 'Dio'm yna rhan fwya o'r amser. Mae'n cychwyn gweithio bore Llun ac mae o adre dydd Gwener. Ti 'mond yn cael dau ddiwrnod. Ma gofyn i ti gael rhywun da wrth dy ochr, neu fuan iawn gall y perthynas jyst fynd yn rhemp. Ma gofyn i ti gael rhywun cry. Pan ti nôl nos Wener, ti 'di blino, wedyn dim ond dy' Sadwrn a dy' Sul sy gin ti. Mae'n anodd cael rhywun cry wrth dy gefn di mewn perthynas tydi?"

Ydy pobl yn gyffredinol yn ymwybodol o fyd y gyrrwr lori?

"Mae'n anodd i ti goelio sut bobol sy'n dreifio loris… ma nhw'n frîd ar ben eu hunain. Ma powb yn gneud efo'i gilydd. Mae o'n cwmni bach *handy*. A does 'na ddim byd mae'r wraig tŷ yn ei brynu sydd heb ddod ar hyd y ffordd."

Aneurin Wyn Jones a detholiad
o'i gasgliad modelau

William Thomas
Hefin Jones

Swydd **Gyrrwr lori da byw, Patterson Transport, Plwmp, Ceredigion**
Cartref **Fferm Bro Teifi, Troedyrhiw, Ceredigion** Rhif Bois y Loris 84
Oedran **Bu farw'n 43 oed** Gyrrwr lori am **22 mlynedd**
Lori **Volvo FH12** Pŵer **520 nc**

Rhydian Glyn
Lloyd Jones

Swydd **Gyrrwr lori da byw, Patterson Transport, Plwmp, Ceredigion**
Cartref **Llechryd, Ceredigion** Rhif Bois y Loris **Ddim yn aelod**
Oedran 42 Gyrrwr lori am **20 mlynedd**
Lori **Volvo FH12** Pŵer **520 nc**

Ganwyd Hefin Jones ar yr ail o Fehefin, 1966. Fe'i magwyd ar fferm Penrallteifed ar gyrion Llechryd gyda'i frawd Rhydian a'i chwiorydd Rahel a Hedydd. Roedd yn ffermwr ac wedi cychwyn rhedeg ei fferm ei hun, Bro Teifi, ar gyrion Aberteifi, nid nepell o'r Pen y Bryn Arms a Chastell Cilgerran. Rhif Bois y Loris Hefin yw 84.

Hunodd William Thomas Hefin Jones mewn damwain ar *viaduct* yr A5 ger y Waun ar brynhawn Llun, yr ail ar hugain o Fawrth, 2010. Roedd yn 43 mlwydd oed ac yn gyrru lori wartheg newydd Volvo FH12 o Ddryslwyn, Sir Gâr, i Colne ger Burnley.

Bu mewn damwain oedd yn cynnwys ei lori a dau gerbyd arall. Lori Volvo arall yn cludo cemegau oedd un, a car Mercedes E200 oedd y llall. Bu farw gyrrwr y car hefyd, ond anafiadau bychain yn unig gafodd gyrrwr y lori gemegau.

Saif y fferm deuluol ar y bryniau uwchben Llechryd ac afon Teifi. Ar ddydd y pancws, bron flwyddyn yn union ers i Hefin huno, rwy'n mynd i fferm Penrallteifed i gyfarfod Rhydian.

Ar ddiwedd y daith gyda Bois y Loris, Rhydian yw'r cyfweliad olaf. Dyw Rhydian ddim yn aelod o Glwb Bois y Loris, ond mae'n cofio Hefin yn mwynhau cymryd rhan, ac yn aml roedd e'n gwybod ble'r oedd ei frawd trwy wrando ar raglen Geraint Lloyd ar Radio Cymru.

Rhydian: "Wedd Hefin yn ffono fe'n amal. Wedd y ddou o' ni'n dreifo lori, yn dod lan o Devon neu rhywbeth fel'na. O'n i'n gwbod le wedd e cyn ffono fe, achos oedd e'n ffono mewn, a wedyn oedd bach o *music*… Sai'n foi CB erioed, ond ma'n neis clywed bois arall yn siarad…"

Gwartheg eidion yw prif gynnyrch y fferm. Wrth gerdded o gwmpas y clos am ychydig, mae Rhydian yn trafod y gwartheg a'r lloi a'r tarw ifanc. Wedi hynny awn i'r tŷ am baned o de a phancws gyda rhieni Rhydian a Hefin. Glyn a Rayan Jones yw'r ddau yma, ac maen nhw'n cynnig croeso arbennig, gan gynnwys rhai o'r pancws gorau ges i erioed.

Rhydian: "Nôl yn *eighty-five* ffor'a, we' neb lot oedran Hefin a fi â *Class 1*. Fi'n credu Hefin a fi dechreuodd bach o drend rownd ffor' hyn, meibion ffermydd, i gael *Class 1*. Aeth y ddou o' ni lawr i Hwlffordd i neud y *tests*. Hefin bwcodd e, a fi aeth gynta. Ffaelais i, pasodd Hefin tro gynta…

"Wedd y ddou o'n ni yn gweitho ar ffermydd ambiti'r lle ar y pryd, a diseidodd Hefin mynd am job 'da Jenkins o Boncath. Ar y pryd 'ny wedd job y diawl i ga'l jobyn lori 'chos o'dd pobol moyn *experience*, on'd dyfe? Wedyn aeth Hefin at Meigan Wells, a es i i weitho i Dewi James, Aberteifi, yn y lladd-dy. A fan'ny bues i am *eighteen years*.

"Aeth Hefin o Meigan Wells i symud tractors ar y lori wedyn, gyda Riverlea, o amgylch ffermydd. Wedyn fuodd e 'da Davies Pwllygrifft yn Aberteifi ar y loris da… Wedd *interest* 'da'r ddou o' ni yn da byw… Wen ni wastod yn siarad am 'na, cyn i fe cael y ddamwain…

"Fuodd e 'da fi yn y lladd-dy am bach, yn nôl da o Mydroilyn. Gwnaeth Hefin wedyn deg mlynedd 'da Glan Patterson o Plwmp, yn

Rhydian Penrallteifed

dreifo *cattle lorry*… A wedyn es i at Patterson… Gallen i byth gweld ni yn delifro bara neu tun o baent rownd B&Q neu Tesco achos wedd e'n *boring*… *Interest* ni wedd mynd i ffermydd a pethe, a ca'l gweld beth sy 'na."

Bu Rhydian yn gyrru ers 1990. Bu am ugain mlynedd wrth y llyw erbyn hyn. Gyrru lori da byw gyda Glan Patterson yw ei waith o hyd, yn dilyn yr un llwybrau â'i frawd gynt.

Rhydian: "Ni'n mynd i Colne, Yorkshire, Llundain, Guildford… Wthnos 'ma fi 'di bod yn Guildford dy' Sul, Devon dwe… Bristol ffor'na yn amal. Fi'n treio neud 'biti tri diwrnod yr wthnos yn dreifo, a gatre ar y ffarm wedyn, a bach o contracto… Yn Castell Newy' fi'n byw, ond fan hyn yw gatre…"

Wedi ugain mlynedd wrth y llyw mae Rhydian yn dal i ryfeddu at lefydd newydd ar hyd y daith.

Rhydian: "Bues i pwe ddiwrnod lawr â llwyth o ŵyn i Cornwall, a o'n i byth 'di bod lan i'r lle 'ma – Llyn Brianne! Lan paso Llandyfri, lan am Gilycwm, lan ffor'a. Wel, Iesu Grist, o'n i ddim yn gwbod fod

y fath le i ga'l, reit lan y top, ar ben y *reservoir*…

"'Na un peth ambiti job y loris – ma cannoedd o bobol rownd ffor' hyn s'o nhw 'di bod yn bellach na Aberteifi, ond 'da job y lori ti'n ca'l gweld y wlad i gyd, a ca'l dy dalu am neud 'ny."

Rhan helaeth o'i waith yw gyrru i ogledd Lloegr neu dde'r Alban, lle mae graddfa'r tirwedd yn fwy trawiadol na gartref yn ne Ceredigion.

Rhydian: "Ma lot o' fe rownd Carlisle, neu'n bwrw am y môr o fan'na. Fues i'n mynd i Motherwell dwywaith yr wythnos… O'dd y ddou o'n ni yn…

"Ma mynydd Llanberian fan hyn, cwarter awr a ti 'di mynd dros ei ben e. Ond cer di lan ffor'na, Penrith, ma mynydd 'da ti, ma 'ise awr a hanner arno ti i groesi fe."

Roedd Hefin a Rhydian hefyd yn rhannu gweithgareddau tu hwnt i'w gwaith cludiant, yn mwynhau gweithio yn yr awyr agored ar ôl taith hir mewn lori.

Rhydian: "Amser off o'n i'n ffenso a pethe. O'dd hi'n neis ar ôl jobyn *livestock*, a orie hir, dod off y lori…

Wen ni'n lico mynd i *truck show*, neu mynd i *show* amaethyddiaeth, Royal Welsh neu rhywbeth. Yr hobi mwya o'dd mynd i ryw sêl ffarm… Yn Shaftesbury o'dd e, bob dou fis ffor'a, o'n ni'n mynd lawr â rhyw *implement* i werthu a dod nôl â rhywbeth arall gyda ni… Ma sawl *machine* 'da ni wedi dod o fan'na."

Mae'n ei chael hi'n anodd deall o hyd fod damwain mor annisgwyl wedi achosi iddo golli ei frawd.

Rhydian: "Meddylion ni byth, ni'n dreifo loris ar *motorway*, ti lan yn y lori mowr, yn meddwl ladde ddim car ti… Lori mowr, ti'n meddwl un *push* a fydd y car mas o'r ffordd… ond meddylion ni byth bydde car yn dod lawr ochr rong yr hewl…"

Rayan: "Wedd e mor ofalus…"

Rhydian: "Fi'n mwy *slapdash*, mwy *get on with it*… O'dd Hefin well dreifyr na fi mwy na thebyg…"

Rhydian sy'n siarad fwyaf, er bod yna ambell i *tangent* ble byddwn ni'n trafod ychydig o hanes yr ardal neu gymeriadau lleol. Mae Glyn yn dawel, yn gysurus yn trafod pethau eraill, ond heb ddweud rhyw lawer am ei fab. Mae'n sôn ychydig am ba mor ddiolchgar oedd e i

William Thomas Hefin Jones
Fferm Bro Teifi, Troedyrhiw, Aberteifi

dderbyn carden cydymdeimlad wrth y dyn sy'n rhedeg y fan byrgyr ger Llangadog. Roedd Hefin wedi galw yno am baned a thamaid i fwyta ar y ffordd i ogledd Cymru.

Pan mae Glyn neu Rayan yn siarad, maen nhw ar adegau'n dechrau brawddeg ond ddim yn ei chwpla. Mae yna nifer o seibiau, adegau pan fydd rhywun ar goll mewn atgof, neu'n treio peidio colli rheolaeth ar eu teimladau o flaen rhywun tu allan i'r teulu. Mae'n dal i frifo, a heb fod yn flwyddyn ers colli Hefin. Pan y'n ni'n edrych ar y llun olaf o'r teulu gyda'i gilydd, mae Rayan yn dechrau ail-fyw'r diwrnod.

Rayan: "Gethon ni aduniad teulu yn yr Emlyn Arms yn Castell Newydd… chwech wthnos cywir cyn y… y ddamwain… Honno o'dd y llun dwetha gethon ni gyda'n gilydd."

Teulu cynnes, addfwyn yw'r rhain, ac rwy'n gallu teimlo a gweld y tristwch a'r galar wrth i Rayan siarad. Ar adegau, mae Rhydian hefyd yn ei chael hi'n anodd parhau. Mae'n ddyn mawr, cyhyrog, yn un o'r dynion yna sydd ddim yn llefain. Ond rwy'n gweld dagrau yn llygaid y tri, trwy gydol y sgwrs.

Bu Hefin ar fy meddwl gryn dipyn yn ystod taith Bois y Loris. Bûm yn gyrru ar draws y *viaduct* yna ger y Waun ddwsin a mwy o weithiau yn yr wythnos y bues i yn Llangollen. Mae'n un o'r golygfeydd mwyaf rhagorol welwch chi ar unrhyw ffordd yng Nghymru. Mae hi hefyd yn bont mae Rhydian yn dal i'w chroesi yn rheolaidd ac alla i ddim dychmygu'r angerdd y byddai'r fath siwrne yn ei gynhyrfu.

Rhydian: "Fi'n dreifo ar y *viaduct* yn amal."

Rayan: "Aethon ni lan ar ôl yr *inquest* yn Shrewsbury…"

Glyn: "Es i lan i'r bont dydd Iau ar ôl y ddamwain… pan aethon ni i weld Hefin… Buon ni lan i'r *inquest* chwech mis wedyn, a 'hware teg i'r heddlu aethon nhw lan â ni i'r bont, i ni ga'l rhoi blodau."

Rwy'n sôn wrth y teulu fod nifer o drigolion yr ardal wedi sylwi ar fy acen ac wedi sôn am y "boi lawr ffor'na ga'th y ddamwain…" Mae'n drychineb a effeithiodd ar y gymuned yna hefyd, yn siroedd

Dinbych a Wrecsam, yn ogystal ag ar Fois y Loris a'r rheiny ddaeth i gysylltiad gyda Hefin ar ei deithiau. Bu'r gefnogaeth a'r cydymdeimlad a gafodd y teulu gan bobl o bell ac agos yn rhyw fath o gymorth yn y cyfnod ers colli Hefin.

Rhydian: "Pobol o'n ni'n delifro anifeiliaid i, a pigo lan da wrthyn nhw… bois o Sgotland, Carlisle, wedd rheiny lawr 'ma. Wedd Hefin yn nabod lot dros y blynydde… Wedd dou neu dri ffrind agos 'dag e, a wedd e'n mynd lan i aros 'da nhw, a nhw'n dod lawr fan hyn…"

Rayan: "O'dd e'n nabod pob un…"

Beth yw agwedd Rhydian at ei waith yn gyrru lori erbyn hyn?

Rhydian: "Amser ti'n gweitho ar ffarm, gwaith *manual* yw e, sdim lot o amser i feddwl… Ond amser ti'n dreifo, ma lot o amser 'da ti i feddwl, on'd does e? Ma'n 'hware ar dy feddylie di… 'Se pob un yn dreifo lori, falle base bach o barch 'dag e i *lorry driver*, achos… Ma rhywun yn paso ti, mynd o flaen ti, a 'mlan â'r brêcs! S'o fe'n meddwl fod *forty-four tonnes* 'da ti tu ôl…"

Mae trefn gwasanaeth cynhebrwng Hefin wrth f'ochr wrth i fi wrando ar y tâp o'r cyfweliad a chwpla portread olaf y llyfr. Mae'n edrych ychydig fel David Gower yn y llun yma, ac i'w weld yn foi addfwyn, meddylgar yn y lluniau rwy'n eu gweld ac yn y darlun mae pawb arall sy'n ei gofio yn ei greu.

'Gwaith a gorffwys bellach wedi mynd yn un' medd y frawddeg ar ben tudalen flaen trefn y gwasanaeth.

Lorna yw gwraig Hefin, ac enw ei ferched yw Elin, sy'n bedair ar ddeg mlwydd oed, a Rachel, sy'n unarddeg. Un o'r pethau olaf i Hefin ei wneud oedd trefnu parti syrpréis yn bedwar deg i'w wraig. Ddaeth y parti byth i ffrwyth, ond mae pawb yn cofio Elin yn gofyn i Mymi (Mamgu) ar y dydd Sul blaenorol a ddylsai hi wneud pancws i'r parti.

Mae deg o wyrion gan Glyn a Rayan, a'r neiaint a'r nithoedd i gyd yn meddwl y byd o'u Wncwl Hefin.

Rwy wedi teithio pedair mil, pum cant ac unarddeg cilomedr ar drip Bois y Loris, a hynny mewn pedwar mis. Mae Dic Owen yn gyrru'r pellter yna bob pythefnos, gyda thair tunnell ar ddeg o offer adeiladu trwm ar gefn ei lori.

Dyma'r bois sydd yn llenwi silffoedd yr archfarchnadoedd, yn symud cynnyrch o gwmpas Cymru ac Ewrop. Mae diwylliant y gyrrwr lori yn un sy'n effeithio arnon ni i gyd.

Bu Rhydian a'r teulu a finnau'n trafod y portread yma, ar y we ac ar y ffôn, am rai wythnosau wedi'r cyfarfod, ar ôl i'r teulu gael cyfle i'w ddarllen cyn mynd i'r wasg.

Wrth siarad gyda Rhydian un tro, mae e am sôn am y ffordd mae'n gweld angen Hefin pan fydd e ar goll ar y ffordd. Buasai Hefin wedi bod ben arall y ffôn i gynnig cyfarwyddiadau.

"O'dd e'n un glew," mae'n debyg, yn gwybod lle i fynd, lle i droi. Mae'n gallu cofio llais Hefin yn dweud, "Tro fan'na ar bwys John Smith's." Bu'r ddau fel cath a chi mae'n debyg, yn cweryla, yn cwmpo mas byth a beunydd, ond ers colli Hefin mae'r galar yn pwyso'n drwm ar ei frawd.

Wrth gynnal y cyfweliadau ar gyfer y llyfr, gofynnais i ambell un o ffrindiau Hefin ymysg Bois y Loris am eiriau i'w gofio.

Roedd Emyr Wyau yn cofio "Boi rial neis… *genuine*… bachan rial *genuine*… Ma'r Bois i gyd yn cofio amdano fe. Sai'n credu fod gair gwael 'da neb i weud ambiti fe."

Dywedodd Eifion Jones: "O'n i'n partner mowr 'dag e. Ma tylwyth 'da fe'n byw ar bwys fan hyn… O'dd e mor ifanc on'd dyfe, a boi mor iach… O'dd e'n foi serchog, bydde fe wostod yn barod iawn i helpu pob un. A dreifyr o safon… A o'dd perchennog y lori'n gweud mai nage dim ond colli dreifyr 'nath e, ond colli ffrind gore."

Bois y Loris rhif 84. Danfonwyd y llun gan
Elin a Rachel Jones, merched Hefin.

Daw Owain Llŷr o Donyrefail
ger Pontypridd yn wreiddiol ond
symudodd i Drefach Velindre
yn Sir Gâr pan oedd yn dair
blwydd oed.

Ers graddio mewn
Ffotograffiaeth, Ffilm a
Delweddu o Brifysgol
Napier yng Nghaeredin,
bu'n gweithio'n bennaf fel
cyfarwyddwr teledu.

Enillodd ei ffilm *La Casa di
Dio*, sy'n olrhain hanes eglwys
yng Ngheredigion a adeiladwyd
gan garcharorion rhyfel
Eidalaidd adeg yr Ail Ryfel
Byd, wobr Dogfen Orau Ewrop
yng Ngŵyl Ffilm Ryngwladol
Iwerddon 2010 a Dogfen Orau'r
DU yng Ngŵyl Ffilm Bae
Abertawe 2010.

Am restr gyflawn o lyfrau'r Lolfa, mynnwch
gopi am ddim o'n catalog
neu hwyliwch i mewn i'n gwefan

www.ylolfa.com

lle gallwch archebu llyfrau ar-lein.

TALYBONT CEREDIGION CYMRU SY24 5HE
ebost ylolfa@ylolfa.com
gwefan www.ylolfa.com
ffôn 01970 832 304
ffacs 832 782